Leopold von Schröder

Griechische Götter und Heroen - Eine Untersuchung ihres ursprünglichen Wesens mit Hilfe der Mythologie

Aphrodite, Eros und Hephastos

Leopold von Schröder

Griechische Götter und Heroen - Eine Untersuchung ihres ursprünglichen Wesens mit Hilfe der Mythologie

Aphrodite, Eros und Hephastos

ISBN/EAN: 9783955641269

Auflage: 1

Erscheinungsjahr: 2013

Erscheinungsort: Bremen, Deutschland

@ EHV-History in Access Verlag GmbH, Fahrenheitstr. 1, 28359 Bremen. Alle Rechte beim Verlag und bei den jeweiligen Lizenzgebern.

GRIECHISCHE
GÖTTER UND HEROEN.

EINE UNTERSUCHUNG
IHRES URSPRÜNGLICHEN WESENS MIT HÜLFE DER
VERGLEICHENDEN MYTHOLOGIE

VON

DR. LEOPOLD v. SCHROEDER,
DOCENT AN DER UNIVERSITÄT DORPAT.

ERSTES HEFT:

APHRODITE, EROS UND HEPHASTOS.

BERLIN
WEIDMANNSCHE BUCHHANDLUNG
1887.

Vorwort.

Die vorliegende Untersuchung kann ich der Öffentlichkeit nicht übergeben, ohne mit herzlichem Danke der vielfachen Förderung zu gedenken, die mir bei derselben von Seiten meines verehrten Freundes, des Herrn Prof. Georg Loeschcke, zu teil geworden. Die Natur des hier behandelten Gegenstandes brachte es mit sich, dafs ich vielfach Gebiete streifen mufste, denen ich bisher mehr oder weniger fern gestanden und die von meinem eigentlichen Forschungsgebiete, der Indologie, einigermafsen abliegen. Hier hat mich Loeschcke mit Rat und Belehrung in liebenswürdigster Weise unterstützt. Insbesondere habe ich erst durch ihn die hohe Bedeutung der Archäologie für alle Fragen der Mythologie kennen gelernt und in Allem, was ich in dieser Beziehung dem Leser biete, mufs ich mich als seinen Schüler bekennen. Auch war er so freundlich, sein lebendiges Interesse für die hier behandelten Fragen durch Lieferung eines wertvollen direkten Beitrages aus seiner Feder zu bekunden (vgl. p. 83 flg.). Möge er eben dasselbe Interesse diesen Untersuchungen auch in ihrem weiteren Fortgang dauernd bewahren.

Schliefslich bitte ich um Entschuldigung wegen einiger orthographischer Inconsequenzen, die durch Mifsverständnisse seitens der Druckerei in den Text geraten sind.

Dorpat, im September 1887.

Der Verfasser.

Inhalt.

	pag.
Die phönizische Hypothese von Aphrodite	1
Aphrodite und Çrî-Lakshmî	3
Die Etymologie von Aphrodite	6
Die Apsaras, ihr Name und das Element, in dem sie sich bewegen. Beziehung zu Luftraum und Wasser	8
Das Element, in welchem Aphrodite sich bewegt. Ihre Beziehung zu Wasser und Luftraum	12
Äufsere Erscheinung. Körper. Kleidung und Schmuck. Das Goldene. Das Lächeln	15
Die Beziehung zu Liebe und Liebesgenufs	20
Die Apsaras in der vedischen Zeit. Urvaçî und Purûravas im Çatapatha-Brâhmaṇa und im Ṛigveda. Die Apsaras eine Schwanenjungfrau	23
Aphrodite als Schwanenjungfrau. Nemesis. Upis. Berührungspunkte mit Urvaçî. Purûravas-Anchises. Idâ-$\mathit{Ἴδη}$	39
Eros-Rati-Urvaçî-Lohengrin	52
Die Schwanenjungfrau als Valkyre. Erklärung der bewaffneten Aphrodite und der Bezeichnung als $μοῖρα$. Freya, die altgermanische Aphrodite, die Wolkengöttin und Valkyre	56
Die Apsaras und die griechischen Nereiden und Nymphen	62
Beziehung der Apsaras zu den Gandharven, der Nereiden und Nymphen zu den Kentauren, Silenen, Satyrn, Panen und andern priapischen Wesen. Beziehung der Aphrodite zu denselben	69
Hephästos, der Gatte der Apsaras-Aphrodite, — ein Gandharve. Etymologie des Namens. Beziehung zu den Silenen und Satyrn und Hingehörigkeit in diesen Kreis	79
Völundr-Wielant, der deutsche Hephästos	93
Elben und Gandharven	99
Dädalos und Hephästos	109
Tvashṭar	112
Hephästos und Prometheus	115

Es ist ein seit längerer Zeit bei uns eingebürgertes, auch heute noch von den meisten Forschern ohne genauere Prüfung festgehaltenes Vorurteil, dafs die **Aphrodite** der Griechen keine ursprünglich griechische Göttin, vielmehr von den semitischen Völkern, speciell von Phoenizien her in die hellenische Welt eingedrungen oder herübergenommen sei. Die phönizische Astarte, Astaroth oder Astoreth, eine Göttin der Liebe, der Zeugungslust und der Fruchtbarkeit in der Natur, bei deren Tempeln die ihr heilige Taube sorgsam gehegt und gehütet wurde, berührt sich in der That in wichtigen Punkten mit der griechischen Aphrodite, und es war natürlich, dafs die Griechen selbst jene Astarte eine syrische Aphrodite nannten. Aber aus solchen Berührungspunkten liefs sich noch keineswegs der Schlufs ziehen, dafs Aphrodite, eine Göttin, deren Verehrung wir schon in der ältesten Zeit in zahlreichen Einzelculten über ganz Griechenland hin verbreitet finden, wirklich fremdländischen Ursprungs sei. Dies zu erweisen, hätten gewichtige Gründe beigebracht werden müssen, aber nach solchen sieht man sich in der bezüglichen Literatur vergebens um. Aphrodite, die goldene, gerne lächelnde Göttin Homers, sie ist eine durch und durch hellenische Erscheinung, kein Zug an ihr verrät phönizische Herkunft. Nur eine Zeit, die darauf ausging, die meisten griechischen Götter aus der Fremde, insbesondere von den Semiten her, einwandern zu lassen, konnte jene Ansicht so leicht aufkommen und so feste Wurzeln schlagen lassen. Wie wenig wirklich triftige Gründe derselben zur Stütze dienen, auf wie oberflächliche Betrachtung dieselbe aufgebaut ist, das hat schon im J. 1841 W. H. Engel hervorgehoben [1]), dem wir eine gründliche und wertvolle Behandlung des Aphroditecultus verdanken. Es traten dann weiterhin vermittelnde Ansichten hervor, nach welchen die semitische Göttin bei ihrer Einführung in Griechenland bereits eine verwandte Göttergestalt (Dione) vorgefunden hätte [2]); bis endlich neuerdings A. Enmann die Frage nach dem Ursprunge des Aphroditecultus einer gründlichen und umsichtigen Prüfung unterzogen hat, wobei er zu dem Ergebniss gelangt, die phönizische Hypothese sei vollkommen aufzugeben und Aphrodite durchaus als eine uralte, echt hellenische Göttin anzuerkennen [3]).

Dieses Ergebniss wird, wie ich glaube, der Hauptsache nach zu allgemeiner Anerkennung durchdringen, wenn auch im Einzelnen vielleicht Einschränkungen gemacht werden könnten. Möglich, ja wahrscheinlich will es mir scheinen, dafs auf die Ausbildung des Begriffes der Aphrodite als specifischer Liebesgöttin in späterer Zeit jene Astarte der Phoenizier, die syrische Aphrodite, wie die Griechen sie nennen, nicht ohne Einflufs gewesen ist. Möglich erscheint es mir ferner, dafs auch die später so feste Verbindung der Aphrodite mit der Taube zum Teil wenigstens auf das Vorbild der semitischen Göttin zurückzuführen ist. Wohl zu beachten sind endlich die alten, in mykenischen Gräbern gefundenen Bilder der nackten Aphrodite, die

---

[1]) In seinem Werke: Kypros, eine Monographie, Berlin 1841. Fast der ganze zweite Band desselben (p. 3—649) ist dem „Kult der Aphrodite" gewidmet.

[2]) Vgl. Preller, Griechische Mythologie, 3. Aufl. I, p. 271.

[3]) S. Alexander Enmann, Kritische Versuche zur ältesten griechischen Geschichte. I. Kypros und der Ursprung des Aphroditekultus, St. Petersburg 1886 (Mémoires de l'acad. imp. des sciences de St. Pétersbourg, VIIe série, tome XXXIV No. 13 et dernier; zugleich Doctor-Schrift der Universität Dorpat). Leider ist diese wertvolle Arbeit durch eine grofse Anzahl unmöglicher Etymologieen stark entstellt. Es mufs bedauert werden, dafs der scharfsinnige Historiker sich mit grofser Ungebundenheit auf einem Gebiete bewegt, wo ihm alle notwendigen Vorkenntnisse und jede methodische Schulung fehlen. Der Richtigkeit des oben bezeichneten Resultates thun diese völlig verfehlten Versuche zum Glück keinen Eintrag. — Übrigens liegt die Anschauung von dem griechischen Ursprung der Aphrodite auch schon den Ausführungen von Wilamowitz zu Grunde, wenn derselbe auch nicht näher auf die Frage eingeht (vgl. Philolog. Untersuchungen Bd. I, p. 134. 157 u. ö).

die Vermutung nahe legen, dafs auch die bildliche Darstellung der Liebesgöttin von jener Seite her beeinflufst worden ist. Aber dies Alles wird uns nicht in der Überzeugung irre machen, dafs Aphrodite nicht etwa erst durch phönizische Kaufleute in Hellas eingebürgert worden, dafs sie vielmehr in der That eine alte hellenische Göttin gewesen, der schon in ältester Zeit über ganz Griechenland hin Verehrung erzeigt wurde, von deren reizender Schönheit man seit alters zu erzählen wufste.

Aphrodite und Çrî-Lakshmî.

Sieht man dies als gesichert oder doch als sehr wahrscheinlich an, so liegt es nahe die Frage aufzuwerfen, ob diese Göttin sich nicht vielleicht über die griechische Welt hinaus in die indogermanische Vorzeit zurück verfolgen lasse.

Ziehen wir da zunächst die indische Mythologie zur Vergleichung heran, so mufs uns alsbald Çrî oder Lakshmî in die Augen fallen, eine Göttin der Schönheit und des Glückes, welche nach indischer Sage gleich der griechischen Aphrodite aus dem Meere entstanden sein soll. Als die Götter vor Zeiten den Ocean mit dem Berge Mandara quirlten, da erhob sich aufser anderem auch Çrî oder Lakshmî in herrlicher Schönheit aus den Wogen[1]). Darum heifst sie jaladhisutâ[2]), jaladhijâ[3]) die Meergeborene, kshîrâbdhijâ[4]), kshîrâbdhitanayâ[5]) die Tochter des Oceans, wie Aphrodite Ἀναδυομένη, Ἀφρογενής, Πελαγία, Ποντία, Θαλασσία genannt wird[6]). Aber Çrî-Lakshmî

---

[1]) Vgl. Mhbh. 1, 1146. 1148. Râmây. 1, 45, 40 fg.
[2]) Dhûrtas. 77, 5.   [3]) Trikâṇḍaçesha 1, 1, 41.
[4]) Hemacandra's Anekârthasaṃgraha; Medinîkosha.
[5]) Im Lex. Amarakosha.
[6]) Aug. Wilh. Schlegel, der in seiner Ausgabe des Râmâyaṇa Bd. I, T. 2 p. 145 Anm. bereits diese Entstehung der Lakshmî mit derjenigen der Aphrodite zusammen stellt, ist der Meinung, dafs dieser Mythus der Inder recht alt sein müsse, da das Epith. der Lakshmî kshîrabdhitanayâ (Tochter des Oceans) schon im Lexikon des Amarasiṃha, des ältesten indischen Lexikographen, (d. h. im Amarakosha) vorkomme. Wir wissen jedoch jetzt, dafs dieses Lexikon dem 6. Jahrh. n. Chr. entstammt. — Vgl. übrigens auch Benfey, Wurzellexikon I, p. 586.

ist offenbar keine alte Göttin. Der Rigveda kennt sie nicht, ebensowenig die anderen Veden. Erst an einer Stelle des Çatapatha-Brâhmaṇa (11, 4, 3, 1)[1]) begegnet uns Çrî, die Schönheit oder das Glück, in Personification. Es wird daselbst ihre Entstehung berichtet, doch hat dieselbe nichts mit jener Geburt aus dem Meere gemein, von der spätere Schriften erzählen, es ist vielmehr nur eine jener wohlbekannten, meist recht wertlosen etymologischen Spielereien der Brâhmaṇa-Verfasser. „Prajâpati[2]) — heifst es daselbst — kasteite sich, als er die Geschöpfe schuf; aus ihm, der sich abgemüht und kasteit hatte, kam die Çrî hervor; die stand leuchtend, strahlend, zitternd da" u. s. w.[3]). Die daran geknüpfte Erzählung hat wenig Wert und birgt sicherlich keinen alten Kern in sich, sondern ist ad hoc erfunden. Es liegt hier ein etymologisches Spiel vor mit Çrî „Glück" und Çrânta „Einer, der sich abgemüht, ermüdet hat". Aus dem Çrânta, dem ermüdeten (Prajâpati), soll die Çrî entsprungen sein. Wir haben es hier, wie es scheint, nur mit einer Personification des Begriffes çrî zu thun, von einer Göttin Çrî kann hier eigentlich noch gar nicht geredet werden. Eine solche finden wir erst in der Literatur des indischen Mittelalters, im Mahâbhârata und anderen Werken, und hier erst, also sehr spät, erscheint sie als die meergeborene Göttin. Alle die oben angeführten, dahin zielenden Epitheta der Çrî-Lakshmî sind späten Ursprungs, meist nur durch mittelalterliche Lexikographen belegt. Dazu kommt, dafs diese Göttin von irgend welcher ursprünglichen Naturbedeutung nichts an sich trägt; lakshmî ist ein geläufiges Appellativum und bedeutet in erster Linie Glück, dann auch Anmut, Schönheit; çrî bedeutet Schön-

---

[1]) Dieses Brâhmaṇa dürfte etwa dem 7. Jahrh. v. Chr. entstammen.
[2]) Prajâpati ist der „Herr der Geschöpfe".
[3]) Çat. Br. 11, 4, 3, 1 prajâpatir vâi prajâḥ sṛjamâno 'tapyata; tasmâc chrântât tepânâc chrîr udakrâmat; sâ dîpyamânâ bhrâjamânâ lelâyanty atishṭhat cet. Die Götter wollen sie töten und stellen ihr nach, um sich ihre Vorzüge anzueignen. Es giebt einen verwickelten Streit, dessen Wiedergabe hier kaum von Interesse sein dürfte, daher ich auf das betreffende Kapitel des Çat. Br. verweise.

heit, Liebreiz, Prunk, Pracht, sodann Glück, Wohlbehagen u. dgl. Es kann kaum einem Zweifel unterliegen, dafs die Göttin Lakshmî-Çrî ursprünglich nur als eine Personification dieser Begriffe zu fassen ist, und als solche schon dürfte sie kaum darauf Anspruch haben, in ein hohes Altertum zurückzureichen, ebensowenig wie eine mhd. Frau Saelde, Frau Zuht und Frau Ere[1]). Eine meerentstiegene Göttin der Schönheit und der Liebe resp. des Glückes für die indogermanische Urzeit anzunehmen und aus ihr einerseits Çrî-Lakshmî, andererseits Aphrodite abzuleiten, erscheint mehr als bedenklich, ja man wird einen solchen Versuch als völlig unthunlich bezeichnen dürfen[2]).

Was aber die so auffallend zu dem griechischen Mythus von Aphrodite stimmende Geburt der Çrî-Lakshmî aus dem Meere betrifft, so müssen wir hier entweder ein zufälliges Zusammentreffen annehmen[3]), oder aber es läfst sich vermuten, dafs der indische Mythus direct durch den griechischen beeinflufst worden ist. Dieser Verdacht liegt um so näher, als ja auch der verhältnifsmäfsig junge Gott Kâma, der indische Eros mit Pfeil und Bogen, aller Wahrscheinlichkeit nach in dem griechischen Eros sein unmittelbares Vorbild gehabt hat, wie dies bereits von competenten Kennern der indischen Welt ausgesprochen worden ist. Die Chronologie würde der beregten Annahme nicht entgegen sein, denn alle Werke, in welchen die

---

[1]) Diese verhältnifsmäfsig späten Personificationen als altgermanische Göttinnen behandelt zu haben, war bekanntlich ein Fehler Jacob Grimms. Vgl. Mannhardt, Wald- und Feldkulte II, Vorwort p. XI.

[2]) Es verdient noch hervorgehoben zu werden, dafs bei Çrî-Lakshmî eine Beziehung zu Liebe und Liebesgenufs eigentlich gar nicht vorhanden ist; sie ist lediglich Göttin der Schönheit und des Glückes. Ihre Identificirung mit Aphrodite mufs darum auch aus diesem Grunde bedenklich erscheinen.

[3]) Zufälliges Zusammentreffen in diesem Punkte ist um so weniger ausgeschlossen, als im Übrigen die Umstände, unter denen die Geburt aus dem Meere erfolgt, bei den beiden Göttinnen sehr wesentlich von einander verschieden sind. Die berühmte Butterung des Meeres, bei welcher eine Menge Schätze und Herrlichkeiten, darunter auch die Göttin des Glückes und der Schönheit, aus dem Schoofse des Oceans an das Tageslicht kommen, liegt von dem Entstehungsmythus der Aphrodite im Ganzen doch ziemlich weit ab.

meerentstiegene Çrî-Lakshmî auftritt, gehören einer Zeit an, wo die Inder schon lange mit der griechischen Welt in Verbindung standen. Doch wie dem auch sei, — wenn wir Aphrodite in die indogermanische Urzeit verfolgen wollen, werden wir uns ohne Zweifel nach einer ganz anderen Seite hin wenden müssen.

Die Etymologie von Ἀφροδίτη.

Sehen wir uns zunächst nach einer Etymologie des Namens Ἀφροδίτη um! Vielleicht gewinnen wir durch dieselbe einen Fingerzeig dafür, in welcher Sphäre wir diese Göttin bei den verwandten Völkern zu suchen haben.

Nichts liegt näher und ist natürlicher, als in dem ersten Teile dieses Namens das Wort ἀφρός, St. ἀφρό- „Schaum" zu vermuten, insbesondere wenn man an den alten Mythus von der Geburt der Göttin aus dem Meere denkt. Dieser Zusammenhang war schon den Alten deutlich; auf ihn weist Hesiod hin in der Theogonie, indem er (v. 195 fg.) von unserer Göttin sagt:

τὴν δ' Ἀφροδίτην
κικλήσκουσι θεοί τε καὶ ἀνέρες, οὕνεκ' ἐν ἀφρῷ
θρέφθη cet.

Diese Etymologie wird von Plato gebilligt und kehrt auch bei anderen alten Schriftstellern wieder[1]). Auch die neueren Erklärer suchen mit Recht meistenteils das angeführte Wort in dem Namen Ἀφροδίτη[2]), und schon lange hat man erkannt, dafs dieses griechische ἀφρός mit dem sanskritischen abhra „Wolke, Gewölk, Nebel" ursprünglich identisch ist. Die Laute stimmen ganz genau, und die weifse, flockige Feuchtigkeit am Himmel, die

---

[1]) Vgl. Plato, Cratyl. 406 C. S. auch Anacreont. 54. Apul. Met. 4, 28. Darum wird Aphrodite auch ἀφρογενής genannt.

[2]) Abweichende Versuche sind durchweg mifsglückt. Eine wenig ansprechende Probe bietet Enmann a. a. O. p. 69f. Er verfährt nicht nur sehr willkürlich mit den Lauten — Ἀφροδίτη soll aus Ἀφορκδίτη entstanden sein, — sondern er operirt zudem mit einem gar nicht existirenden Sanskritverbum bhraç, bhraçate „blinken, flimmern" (p. 71). Kein günstigeres Urteil verdienen die Versuche, das Wort aus dem Semitischen zu erklären; vgl. F. Hommel, N. Jahrb. f. klass. Philol. 1882 p. 176. Enmann a. a. O. p. 67—69.

Wolke, vermittelt sich wohl auch in der Bedeutung nicht allzuschwierig mit dem flockigen weifsen Schaum des irdischen Gewässers.

Schwieriger ist die weitere Frage, wie der zweite Teil des Wortes zu erklären sei. Die Alten suchten darin die Wurzel von δύω und erklärten Ἀφροδίτη als „die aus dem Schaum Aufgetauchte"[1]), was schon aus lautlichen Gründen schwer möglich ist. Einen anderen Weg schlug Benfey ein, der in seinem Wurzellexikon Bd. I p. 586 das Wort in Ἀφροδ-ίτη teilen wollte, ἀφροδ- für einen alten Ablativ von ἀφρο- „Schaum" ansah, -ίτη für ein altes Participium Perf. Pass. der $\sqrt{\ }$ ι „gehen", und demnach erklärte: Die aus dem Schaum hervorgegangene. Dafs jener angebliche Ablativ jedoch eine Unmöglichkeit ist, wird heute wohl jeder Kundige zugeben. Weit näher kommt der Wahrheit wohl Leo Meyer, der in dem zweiten Teile des Wortes die $\sqrt{\ }$ dî „scheinen, leuchten, glänzen" finden will[2]), und demgemäfs Ἀφρο-δί-τη als „die im Schaum leuchtende, glänzende", oder im Hinblick auf die Bedeutung des sanskr. abhra als „die im Gewölk glänzende" fassen will[3]). Gegen diese Erklärung wäre sprachlich nichts einzuwenden; indessen läge auch noch eine andere Möglichkeit vor, der ich aus Gründen der Bedeutung (wie weiterhin erhellen wird) den Vorzug geben möchte. Wir könnten nämlich mit dem gleichen Rechte in dem zweiten Teile des Wortes die $\sqrt{\ }$ dî „sich bewegen, eilen, fliegen" suchen, die sich im vedischen dî, dîyati „fliegen, eilen" vorfindet und auch im griechischen δίον „ich eilte, ich floh" (Il. 22, 251), δίεσθαι „eilen, fliehen" (Il. 12, 304), δίενται „sie eilen" (Il. 23, 475) u. dgl. m. erhalten ist. Auf dieselbe Wurzel geht auch δίνη und δῖνος „Wirbel, Strudel" zurück, wovon weiter δινεῖν, δινεῖσθαι, δινεύειν u. s. w. abgeleitet sind. Die Grundbedeutung der Wurzel ist ohne Zweifel die einer raschen Bewegung, des Eilens oder

---

[1]) Vgl. Engel, Kypros II, p. 46.   [2]) Vgl. dîti „der Glanz".
[3]) Vgl. Leo Meyer, Vergleich. Grammatik der Griech. u. Lat. Sprache, 2. Aufl. p. 641. 990. Er setzt übrigens aus Vorsicht dieser Etymologie ein Fragezeichen bei.

Fliegens[1]); im Ṛigveda wird sie durchweg von der Bewegung durch die Luft gebraucht, von Vögeln, von den Wagen und Rossen der Götter, sowie von diesen selbst, namentlich von den Açvinen und ihrem Gespann. Ein von dieser Wurzel gebildetes Nomen agentis mit Suffix ti oder tâ hätte „sich bewegend, eilend, dahineilend oder fliegend" bedeuten können. Erinnert man sich nun, dafs das sanskr. abhra, welches dem griech. ἀφρός entspricht und uns schon im Ṛigveda an einer Reihe von Stellen entgegengetreten, die Bedeutung „Wolke, Gewölk" aufweist und dafs diese Bedeutung aller Wahrscheinlichkeit nach die ältere sein dürfte[2]), so ergiebt sich, dafs ein indogermanisches abhradîtâ oder abhradîti etwa hätte bedeuten können „im Gewölk sich bewegend, im Gewölk dahineilend oder fliegend", und dieser Form würde der Name Ἀφροδίτη entsprechen. Sehen wir uns aber nach Göttinnen um, auf welche diese Bezeichnung passen würde, so könnten wir bei den Indern nur an die Apsaras denken, die in dem Luftraum schwebenden Wolkenfrauen, die Genien des himmlischen Wassers, die so ausgezeichnet sind durch ihre verführerisch reizende Schönheit und ihre grofse Neigung zum Genufs der sinnlichen Liebe.

Sehen wir zu, ob uns die Etymologie auf eine richtige Fährte gebracht hat[3]).

Die Apsaras, ihr Name und das Element, in dem sie sich bewegen. Beziehung zu Luftraum und Wasser.

Die Apsaras sind durch Leibesschönheit ausgezeichnete, stark aphrodisisch beanlangte, nymphenartige weibliche Wesen, welche

---

[1]) Man findet die zu dieser Wurzel gehörigen Worte zusammengestellt bei Leo Meyer a. a. O. p. 642; Curtius, Grundzüge der griech. Etymol. 4. Aufl. p. 234 (wo jedoch die „fürchten, Furcht" bedeutenden Worte auszuscheiden sind).

[2]) Der Schaum wäre bei den Griechen als die flockige, weifse Wolke auf dem Wasser bezeichnet.

[3]) Es ist noch zu bemerken, dafs uns neben Ἀφροδίτη als Name dieser Göttin auch Ἀφρώ entgegen tritt: Nicander Alexiph. 406. Schol. Ἀφρώ, ἡ Ἀφροδίτη, ἡ ἀφρογενής, ὑποκοριστικῶς. Es ist dies in der That offenbar nur eine hypokoristische, abgekürzte Bildung, eine sog. Koseform.

sich in dem Luftraum bewegen, in deutlicher Beziehung zu den Wolkenwassern stehen und mit den priapisch angelegten Gandharven verbunden oder vermählt sind.

Schon der Name dieser himmlischen Nymphen deutet auf das Element, zu dem sie gehören, in dem sie sich bewegen. Apsaras haben bereits die indischen Erklärer richtig zerlegt in ap „Wasser" und saras von der Wurzel sar „sich bewegen, laufen" u. dgl. Das Wort würde demnach bedeuten „im Wasser oder in den Gewässern sich bewegend". Unter dem Wasser (ap) ist hier aber, ganz übereinstimmend mit geläufigen vedischen Anschauungen, nicht das irdische, sondern das himmlische Nafs verstanden, das Wolkenwasser, die Feuchtigkeit des Luftraumes. Die Apsaras sind die Wolkenfrauen, die himmlischen Wasserfrauen, die sich da droben in der Luft in strahlender Schönheit bewegen.

Die indische Etymologie wird mit Recht von Benfey und Elard Hugo Meyer gebilligt[1]). Abweichende Versuche anderer Forscher sind nicht gerade glücklich ausgefallen. So zerlegte A. Weber das Wort in a und psáras, welches letztere Wort angeblich Gestalt (rûpa) bedeuten soll, und erklärte die Apsaras als die „Gestaltlosen"; es wären nach ihm „die unheimlichen, unfriedlichen Nebelgestalten der Elfen, Spukgeister, welche im schattigen Dunkel des Waldes ihr Wesen treiben"[2]). Aber abgesehen von der wenig passenden Bedeutung „gestaltlos" für die schönst gestalteten Göttinnen der Inder, ist auch für psáras die Bedeutung „Gestalt" gar nicht nachzuweisen. Dasselbe bedeutet vielmehr „Ergötzen, Genufs, Speise". Darnach erklärte Grassmann in seinem Wörterbuch zum Ṛigveda a-psaras als „nicht speisend, nicht der Speise bedürfend", was der Bedeutung wegen ebenfalls nur wenig befriedigen kann. Bary wollte das Wort von ápsas „Nebel" herleiten[3]); aber ápsas ist eines der schwierigsten, dunkelsten vedischen Wörter, und die Bedeutung „Nebel" steht

---

[1]) Vgl. E. H. Meyer, Indogerman. Mythen I, Gandharven-Kentauren p. 183. 184.
[2]) Vgl. Ind. Studien XIII, p. 135.
[3]) S. Bezzenberger, Beiträge VII, 339.

für dasselbe keineswegs auch nur annähernd fest. Das Petersburger Wörterbuch endlich statuirt drei Möglichkeiten: 1) die oben erwähnte indische Etymologie; 2) die Zerlegung in a-psaras; dabei dürfte aber psáras nicht „Gestalt", sondern nur „Ergötzen" bedeuten, und man hätte sich die Apsaras als die unfriedlichen Wesen zu denken, als welche sie uns im Atharvaveda entgegen treten; 3) die Ableitung von ápsas, welches Wort vielleicht (!) „Wange" bedeutet; dann wären die Apsaras die schönwangigen καλλιπάρηοι; aber die Bedeutung von ápsas ist, wie gesagt, sehr unsicher und zweifelhaft[1]).

Von diesen drei Möglichkeiten verdient ohne Zweifel die erste, die indische Erklärung, die sich schon in Yâska's Nirukta vorfindet[2]), bei weitem den Vorzug vor den anderen. Sie befriedigt nach Form und Bedeutung vollständig, während die abweichenden Versuche durchweg auf ganz unsichere, haltlose Vermutungen aufgebaut sind, ohne in Bezug auf den Sinn annähernd so gut zu sein. Die beiden Elemente, aus denen sich das Wort zusammen setzt — ap „das Wasser" und sar „sich bewegen" — sind so gut bezeugt wie nur möglich, und die Bedeutung „in den Wassern sich bewegend" paſst vortrefflich.

Daſs die Apsaras samt ihren männlichen Genossen, den Gandharven, sich in dem Luftraum bewegen, steht vollkommen fest[3]); ebenso ihre Beziehung zu dem Wasser, welches eben nur das Wasser des Luftraumes, das Wolkennaſs sein kann. Aus dem letzteren Grunde werden sie im Ṛigveda ganz direct „Wasserfrauen", apyâ yoshâ oder apyâ yoshaṇâ genannt. „Der Gandharve und die Wasserfrau in den Gewässern, das ist unser Geschlecht

---

[1]) Diese Unsicherheit und Zweifelhaftigkeit des Wortes wird auch der des Indischen nicht kundige Leser schon daraus ersehen können, daſs ápsas von einem Indologen mit „Wange", von einem andern mit „Nebel", von einem dritten (Grassmann) mit „Busen" übersetzt wird, während es nach Nâigh. 3, 7 und Nir. 5, 13 „Gestalt" bedeutet.

[2]) Nir. 5, 13 apsarâ apsâriṇî, d. h. die Apsaras ist „die im Wasser sich Bewegende".

[3]) Beispielsweise vgl. man RV 10, 123, 5. Grassmann definirt in seinem RV-Wörterbuche die Apsaras nicht unrichtig als „eine Klasse von Geistern, die in der Luft schweben und den Gandharven vermählt sind".

und unsre Verwandtschaft", — sagt Yama, der erste Mensch, zu seiner Schwester Yamî (RV 10, 10, 4)[1]); vom Gandharven und der Wasserfrau stammen die ersten Menschen ab. Dafs aber mit der Wasserfrau die Apsaras gemeint ist, wird Niemand bezweifeln, der die schon im Rigveda feststehende Verbindung des Gandharven und der Apsaras kennt. Urvaçî, die berühmteste von allen Apsarasen, wird ebenfalls im Rigveda die „Wasserfrau" (apyâ) genannt[2]); und die Apsarasen erhalten RV 9, 78, 3 das Epitheton samudríyâ(s) „die zum Meere Gehörigen"[3]). Dafs diese Bezeichnung der Apsaras als apyâ yoshâ und samudriyâ auch für die von uns festgehaltene Etymologie des Wortes eine nicht unwichtige Stütze bilden mufs, liegt auf der Hand.

In der späteren Zeit erscheinen die Apsaras auch in Beziehung zum irdischen Wasser; so gelten z. B. im Mahâbhârata die Ufer reizender Flüsse als ein Lieblingsaufenthalt dieser indischen Nymphen[4]). An den Teichen des Waldes spielt der Gandharven-König mit ihnen[5]), und den Palast des Varuṇa in der Tiefe des Meeres schmückt die Gegenwart der Apsaras[6]). Ihr eigentlicher Wohnort ist aber auch im Epos droben die Welt des Indra; dort haben sie ihre goldenen Paläste an der Gaṅgâ des Himmels, dort wandeln sie an den himmlischen Teichen und Seen im Verein mit frommen Verstorbenen[7]). Vor Allem aber in der alten Zeit, im Veda, sind sie durchaus Bewohnerinnen des Luftraums, Wolkenwasserfrauen.

---

[1]) gandharvó apsv ápyâ ca yóshâ sấ no nấbhiḥ paramáṃ jâmí tán nau. Vgl. auch RV 10, 11, 2 rápad gandharvî'r ápyâ ca yóshaṇâ etc.

[2]) Vgl. RV 10, 95, 10; s. auch weiter unten die Übersetzung dieses Liedes.

[3]) samudríyà apsaráso; das Meer ist natürlich wieder das Luftmeer; nur dieses, nicht den wirklichen Ocean kennen die Verfasser der RV-Hymnen.

[4]) Vgl. Ad. Holtzmann's wertvollen Aufsatz über „die Apsaras nach dem Mahâbhârata", Zeitschr. d. D. M. G. XXXIII, p. 641. — Eine der Apsaras im Mahâbhârata trägt den Namen Budbudâ, d. h. Wasserblase, was wiederum die Beziehung dieser halbgöttlichen Wesen zum Wasser andeutet.

[5]) Vgl. Holtzmann a. a. O. p. 635.

[6]) Vgl. Holtzmann a. a. O. p. 634.

[7]) Holtzmann a. a. O. p. 640.

Das Element, in welchem Aphrodite sich bewegt. Ihre Beziehung zu Wasser und Luftraum.

Wenden wir uns wiederum zur Aphrodite zurück, so ist es klar, dafs der Name dieser Göttin, wie wir ihn erklären — abhradîti oder abhradîtâ „die im Gewölk oder in den Wolken Dahineilende, sich Bewegende" — in der Bedeutung fast zusammenfallen würde mit dem Namen Apsaras „im Wolkenwasser sich bewegend, dahin eilend".

Wie steht es aber mit dem Element, der natürlichen Sphäre, in welche Aphrodite allem Anschein nach gehört, und giebt die vermutete Bedeutung des Namens auch wirklich eine passende Bezeichnung der Göttin?

Zunächst ist klar, dafs Aphrodite in nächster Beziehung zu dem Wasser steht und aus diesem Grunde, um den Sanskrit-Ausdruck zu gebrauchen, sehr wohl verdienen würde gleich den Apsaras eine apyâ yoshâ genannt zu werden.

Sie ist das Kind des Wassers, die Meergeborene, nach dem Mythus, der uns von Hesiod berichtet wird[1]). Kronos entmannt seinen Vater Uranos und wirft das Zeugungsglied desselben in das Meer. Dort schwimmt dasselbe längere Zeit umher, von weifsem Schaum umgeben, aus diesem Schaum aber wird zuletzt die reizende Göttin geboren[2]). Sie kommt zuerst nach Kythera, dann wird sie vom feuchten Zephyr, auf der Woge des rauschenden Meeres, im weichen Schaume nach Kypros geführt[3]). Dort steigt sie ans Land, das Gras spriefst unter ihren Füfsen, die Horen empfangen und schmücken sie u. s. w.[4]).

---

[1]) Vgl. Hes. Theog. 176 f. 188—206.

[2]) Hes. Theog. 188 f.
μήδεα δ', ὡς τὸ πρῶτον ἀποτμήξας ἀδάμαντι
κάββαλ' ἀπ' ἠπείροιο πολυκλύστῳ ἐνὶ πόντῳ
ὣς φέρετ' ἂμ πέλαγος πουλὺν χρόνον, ἀμφὶ δὲ λευκὸς
ἀφρὸς ἀπ' ἀθανάτου χροὸς ὤρνυτο· τῷ δ'ἔνι κούρῃ
ἐθρέφθη etc.

[3]) Von Kypros heifst es im h. Hom. 5, 3—5:
ὅθι μιν Ζεφύρου μένος ὑγρὸν ἀέντος
ἤνεικεν κατὰ κῦμα πολυφλοίσβοιο θαλάσσης,
ἀφρῷ ἔνι μαλακῷ.

[4]) S. Hes. Theog. 196. 197. h. Hom. 5, 5 f.

Auch die bildende Kunst hatte sich früh dieses Gegenstandes bemächtigt. Unter den zahlreichen Darstellungen der Geburt der Aphrodite aus dem Meer (der sog. Anadyomene) sei nur die des Phidias am Zeusthrone zu Olympia besonders hervorgehoben [1]).

Bion nennt Aphrodite ein Kind des Zeus und der See. Häufig und wohlbekannt ist die Darstellung, wie Nereiden und Tritonen die Schaumgeborene über das Meer hin begleiten. Sie heifst Ἀφρογενής, Ἀναδυομένη, Πελαγία, Ποντία, Θαλασσία, Εὔπλοια, Γαληναία, Λιμνησία, alles Namen, die ihren Zusammenhang mit dem Wasser bezeugen [2]). Aus eben diesem Grunde waren ihr der Schwan und der Delphin, die beiden Wassertiere heilig [3]); desgleichen der Widder, über dessen Beziehung zu Wasser und Wolke man E. H. Meyer (Gandharven-Kentauren p. 138. 140) vergleichen mag [4]). Häufig wurde Aphrodite verehrt in Gärten und feuchten, eine üppige Vegetation erzeugenden Niederungen. In Samos gab es eine Aphrodite ἐν καλάμοις oder ἐν ἕλει [5]) u. dgl. m.

Aber auch die Beziehung der Aphrodite zum Luftraum und zum Himmel tritt deutlich hervor. Auf dem Schwane sitzend oder reitend fliegt die schöne Göttin durch die Lüfte, oder sie fährt auf einem Wagen, der von Tauben, Sperlingen oder Schwänen gezogen wird. Gerade dieses Fliegen durch die Luft gehört zu den geläufigsten Vorstellungen, die die Griechen von ihrer Aphrodite hatten [6]).

---

[1]) Vgl. Paus. 5, 11, 8.

[2]) Die Aphrodite Αἰνειάς ist wohl ebenfalls Meergöttin; als solche geleitet sie den irrenden Aeneas auf seinen Fahrten im Meere; vgl Preller, Gr. Myth. 3. Aufl. I, p. 281.

[3]) Vgl. Preller a. a. O. I, p. 304. Noch einige Wasservögel liefsen sich hier anreihen. Eustath nennt als der Aphrodite heilig neben der Taube das Wasserhuhn; für die Gänse vgl. Joh. v. Lyd. 4, 44; s. Engel, Kypros II, p. 185.

[4]) Dieser Punkt wird weiter unten näher beleuchtet werden.

[5]) Vgl. Roschers Lex. der Mythol. p. 398; Preller a. a. O. I, p. 283.

[6]) Mit dieser Beziehung zum Luftraum hängt es vielleicht zusammen, dafs Kypros, das Lieblingsland der Aphrodite, auch den Namen Aería trägt, von

Die Apsaras sind gedankenschnell, sie haben die Fähigkeit überall zu wandeln, darum heifsen sie kâmagamâ[1]). Man könnte dasselbe von Aphrodite sagen, die sich bald zu Lande, bald durch die Luft, bald über das Meer hin bewegt.

„Sie wallt durch den Äther und in den Meereswogen", sagt Euripides von ihr im Hippolyt (447):

φοιτᾷ δ' ἀν' αἰθέρ', ἐστὶ δ'ἐν θαλασσίῳ
κλύδωνι Κύπρις.

Hier finden wir die Doppelnatur der Göttin, die Beziehung zum Luftraum und zum Meere, deutlich ausgesprochen. Sie war nicht nur Tochter des Meeres, sondern auch des Uranos, nach dem oben angeführten Mythus bei Hesiod. Sie hiefs Οὐρανία, die Himmlische oder die Himmelstochter. Bei Homer erscheint sie als Tochter des Zeus und der Dione, d. h. des Himmelsgottes und der Himmelsgöttin[2]); während Bion, beide Beziehungen vermittelnd, sie Tochter des Zeus und der See nennt.

Diese Doppelbeziehung der Aphrodite — zum Wasser, zum Meere einerseits, zum Luftraum, zum Himmel andererseits — erklärt sich am besten, wenn diese Göttin ursprünglich eine Wolkengöttin, eine Apsaras war. Die himmlischen Wasser, in denen sie einst schaltete, sind später zu irdischen Wassern geworden, das Luftmeer, welches in der altindogermanischen Mythologie eine so grofse Rolle spielte, ist bei den Griechen zum irdischen Meere geworden, ganz ähnlich wie ich dies für den

---

ἀήρ Luftraum, Dunstkreis, Dunst, und dafs ein alter Heros des Landes Aerias hiefs (vgl. Engel, Kypros I, p. 16. 209; II, p. 101). Aeria wäre eigentlich das Luftland, Dunstland oder Nebelland, d. h. die Luftregion, der Dunstkreis selber, in den Aphrodite ursprünglich hinein gehört, und wäre dieser Name später auf das Lieblingsland der Göttin auf Erden übertragen.

[1]) Vgl. Holtzmann a. a. O. p. 631.

[2]) Es unterliegt keinem Zweifel, dafs der Name Διώνη gleichen Stammes mit Ζεύς, Διός (Διϝός) ist; div bedeutet Himmel, Διώνη die Himmelsgöttin. Es verdient aber noch hervorgehoben zu werden, dafs der dodonäische Zeus, an dessen Seite Dione, die Mutter der Aphrodite, verehrt wurde, gerade ein Zeus Νάϊος, ein feuchter, ein Regen-Zeus war, wodurch die Beziehung Aphrodites zum Himmel in das richtige Licht gebracht wird: Es ist nicht der Licht-Himmel, sondern der Regen-Himmel, um den es sich hier handelt.

Mythus von Apollon nachgewiesen habe[1]), und wie es bereits vor längerer Zeit von Th. Bergk für die Sage von der Geburt der Athene dargelegt worden ist[2]). Dort oben in der Region der Luft, im Wolkenmeere spielte sich ein grofser Teil der alten Götter-Dämonen-Geschichte ab, die später so vielfach in irdische Regionen verlegt wurde; und das Meer war dem indogermanischen Urvolke allem Anschein nach garnicht bekannt. Aus dem Meere der Luft, in dem sie einst umherfuhr, wird Aphrodite in die Wogen des Pontus hinabversetzt[3]); aber man hat ihr Umherfahren und Fliegen da oben noch nicht vergessen, darum fliegt sie dort weiter fort auf ihrem Schwane, darum bleibt sie Οὐρανία, die Himmlische. Weil es aber eben die himmlischen Wasser waren, zu denen sie gehörte, die befruchtenden Wolkenwasser, darum wird sie auch Göttin der irdischen Fruchtbarkeit, der Gärten, der Blumen und Lusthaine, darum heifst sie ζείδωρος, ἠπιόδωρος, εὔκαρπος, δωρῖτις die Gabenspendende, Fruchtbarkeit Schaffende, und es ist bedeutsam, dafs sie in Athen gerade als Οὐρανία ἐν κήποις, in den Gärten verehrt wurde[4]).

Äufsere Erscheinung. Körper. Kleidung und Schmuck. Das Goldene. Das Lächeln.

Wie dem Griechen seine Aphrodite so waren dem Inder die Apsaras das Ideal sinnebestrickender weiblicher Schönheit, höchsten Liebreizes. Mit lebhaften Farben schildern die indischen Dichter die Schönheit der Apsaras, ihre länglichen (d. i. mandelförmigen) Augen, ihre Lotusaugen[5]); ihr üppiges, mit Blumen geschmücktes Haar, ihre vollen, schwellenden Brüste und Hüften.

---

[1]) S. Kuhns Ztschr. f. vgl. Sprachforschung, N. F. IX, 3 u. 4, p. 210 ff.
[2]) Vgl. Th. Bergk, Die Geburt der Athene (Kleine philol. Schriften, Bd. II) p. 633 f.; p. 649. 658 und sonst.
[3]) Ähnlich wird bei den Indern Varuṇa, der im Ṛigveda im Himmel und über die Wolkenwasser herrscht, später ganz zum Gotte des Meeres, und in seinem Palast in der Tiefe des Meeres erscheinen die Apsaras, die alten Wolkengöttinnen.
[4]) Vgl. Roscher, Lex. d. Mythol. p. 398. Preller a. a. O. I, p. 282. 283.
[5]) Darum heifsen sie âyatalocanâ und padmalocanâ.

Auch ihre Namen deuten mit Vorliebe auf Schönheit des Leibes und weiblichen Reiz. So finden wir eine von ihnen Sulocanâ genannt (d. h. mit schönen Augen), eine andere Cârunetrâ (mit lieblichen Augen), noch Andre Sukeçî (mit schönem Haar), Sugrîvî (mit schönem Nacken), Subâhu (mit schönem Arm), Surûpâ (mit schöner Gestalt), Sumukhî (mit schönem Mund oder Antlitz), Sugandhâ (die schön Duftende), Manoramâ (die Reizende), Manoharâ (die Sinnbestrickende), Pramâthinî (die Aufregende) u. dgl. m.[1]). Die Schönheit der Apsaras ist sprüchwörtlich. Die schönsten Frauen werden mit ihnen verglichen, und der Ausdruck höchster Bewunderung beim Anblick weiblichen Reizes ist die Frage: „Bist du eine Apsaras?"[2])

In gleicher Weise erscheint in Aphrodite nicht die keusche und hoheitsvolle weibliche Schönheit einer Artemis, Athene oder Hera, sie ist dem Griechen vielmehr die Verkörperung der reizenden, üppigen, sinnlichen Schönheit[3]). Man preist ihre schimmernden Augen[4]), den überaus schönen, zarten Nacken[5]), die Sehnsucht erweckenden Brüste[6]), die weifsen Arme[7]), die schön ge-

---

[1]) Vgl. Adolf Holtzmann, Ztschr. D. M. G. XXXIII, p. 631. 632.
[2]) Holtzmann a. a. O. p. 631.   [3]) Vgl. Preller a. a. O. I, p. 288.
[4]) Die ὄμματα μαρμαίροντα, vgl. Il. 3, 397. — Es scheint mir bemerkenswert, dafs schon die archaische Kunst der Griechen Aphrodite mit sehr schmalen, länglichen Augen bildete, welcher Typus dann auch weiterhin durchaus beibehalten wurde (vgl. Furtwängler in Roschers Lex. d. Myth. p. 411 f.), sehr im Gegensatz zu andern Göttinnen, an welchen gerade die Rundung der Augen hervortritt (vgl. die Hera βοῶπις). Wird man nicht durch diesen Zug unmittelbar an das Epitheton âyatalocanâ bei den Apsaras erinnert?
[5]) Il. 3, 396 erkennt Helena

θεᾶς περικαλλέα δειρὴν
στήθεά θ'ἱμερόεντα καὶ ὄμματα μαρμαίροντα
θάμβησέν τ'.

h. Hom. 3, 88 wird von der ἀπαλὴ δειρή der Aphrodite geredet. Man vergleiche den Apsaras-Namen Sugrîvî. Auch h. Hom. 5, 10 heifst es von Aphrodite:

δειρῇ δ'ἀμφ' ἀπαλῇ καὶ στήθεσιν ἀργυφέοισιν
ὅρμοισι χρυσέοισιν ἐκόσμεον etc.

[6]) στήθεα ἱμερόεντα s. oben.
[7]) πήχεε λευκώ Il. 5, 314 (vgl. die Apsaras Subâhu).

schwungenen Brauen[1]); ihr Antlitz wird einer Rosenknospe verglichen[2]) u. dgl. m. Die Dichter wetteifern, den unwiderstehlichen Liebreiz der Göttin zu preisen, und „wo ein schönes, ein reizendes Weib geschildert werden soll, da wird sie mit der goldenen Aphrodite verglichen[3])".

Die Kleider der Apsaras sind luftig, zart und wolkenfarbig glänzend[4]). Man wird an die schimmernden Gewänder, die εἵματα σιγαλόεντα der Aphrodite erinnert (h. Hom. 3, 85. 165)[5]). Es sind die schimmernden Wolken, in welche die Wolkenfrauen sich kleiden. Die Kleidung der Aphrodite ist mit dem Dufte von mancherlei schönen Blumen — Krokos, Hyacinthen, Veilchen, Rosen, Narcissen und Lilien — durchdrungen[6]); und mehrere der Apsaras tragen sogar ihren Namen nach dem süfsen Dufte, der von ihnen ausgeht, so Sugandhâ und Sâurabheyî.

Die Apsaras sind ferner mit allerlei weiblichem Schmuck geziert. Insbesondere gerühmt werden an ihnen ihre duftigen Blumenkränze, der Gürtel (mekhalâ oder dâman genannt), die Spangen (nûpura) an Armen und Beinen mit Glöckchen, die beim Tanze erklingen (kiṅkiṇî)[7]). Wem fallen dabei nicht sogleich die duftigen Kränze, die Blumen ein, mit denen die reizende griechische Göttin geschmückt ist[8]), ihr Gürtel, der so hoch gepriesen wird, und all der andre weibliche Schmuck. Aphrodite heifst ἰοστέφανος die mit Veilchen Bekränzte (h. Hom. 5, 18), εὐστέφανος die schön Bekränzte; im Schmucke der Blumen wird sie als ἄνθεια verehrt und „immer ist sie mit Blumen be-

---

[1]) Sie heifst ἑλικοβλέφαρος.
[2]) Sie heifst καλυκῶπις (vgl. die Apsaras Sumukhî).
[3]) Preller a. a. O. I, p. 289; Il. 9, 389, 24, 699; Od. 4, 14; 17, 37; Roscher a. a. O. p. 401.
[4]) Vgl. Holtzmann a. a. O. p. 631. Das Glänzende in der Erscheinung der Apsaras heben mehrere ihrer Namen noch besonders hervor; so Çucikâ, Ruci, Prabhâ, Bhâsî, Citrâ, Citrâṅgadâ u. a.
[5]) Vgl. auch h. Hom. 3, 86:
πέπλον μὲν γὰρ ἕεστο φαεινότερον πυρὸς αὐγῆς.
[6]) Vgl. Preller a. a. O. I, p. 290.
[7]) Vgl. Holtzmann a. a. O. p. 631.
[8]) Vgl. Preller a. a. O. I, p. 283. 290.

kränzt, die durch sie gedeihen und blühen, vor Allem mit Myrthen und Rosen"[1]).

Für den Gürtel der griechischen Göttin braucht man wohl nur an die schöne Stelle Il. 14, 214 f. zu erinnern:

ἦ, καὶ ἀπὸ στήθεσφιν ἐλύσατο κεστὸν ἱμάντα
ποικίλον, ἔνθα τέ οἱ θελκτήρια πάντα τέτυκτο.
ἔνθ᾽ ἔνι μὲν φιλότης, ἐν δ᾽ ἵμερος, ἐν δ᾽ ὀαριστὺς
πάρφασις, ἥ τ᾽ ἔκλεψε νόον πύκα περ φρονεόντων.

Der Gürtel ist also geradezu Träger des Liebreizes.

Auch bei Aphrodite werden die Spangen hervorgehoben, die πόρπαι und die ἕλικες, welche die Göttin auf Vasen- und Spiegelbildern an Armen und Beinen trägt[2]); ferner ὅρμοι die Halsketten, κάλυκες die Ohrgehänge u. dgl. m. [3]).

Auffallend ist es, wie stark an der Erscheinung der Aphrodite das Gold hervorgehoben wird. Sie heifst nicht nur goldreich, πολύχρυσος (h. Hom. 3, 1) und mit goldenem Kranze geschmückt (χρυσοστέφανος)[4]), sondern sie wird auch ganz direct die „goldene" Aphrodite genannt, χρυσέη Ἀφροδίτη[5]). Dabei möchte ich nur darauf aufmerksam machen, dafs auch eine der Apsaras Hemâ, d. h. „die Goldene", eine andere Hemadantâ,

---

[1]) S. Preller a. a. O. I, p. 283. Das starke Hervortreten des Blumenschmuckes bei Aphrodite wie bei den Apsaras mag wohl mit darauf beruhen, dafs es Wolkengöttinnen sind, die durch das himmlische Nafs die Vegetation gedeihen lassen.

[2]) S. Preller a. a. O. I, p. 290 Anm.

[3]) Vgl. h. Hom. 3, 87 ff.:

εἶχε δ᾽ ἐπιγναμπτὰς ἕλικας, κάλυκάς τε φαεινάς.
ὅρμοι δ᾽ ἀμφ᾽ ἁπαλῇ δειρῇ περικαλλέες ἦσαν,
καλοί, χρύσειοι, παμποίκιλοι· ὡς δὲ σελήνη
στήθεσιν ἀμφ᾽ ἁπαλοῖσιν ἐλάμπετο, θαῦμα ἰδέσθαι.

Und später heifst es von Anchises V. 163. 164:

κόσμον μέν οἱ πρῶτον ἀπὸ χροὸς εἷλε φαεινόν,
πόρπας τε, γναμπτάς θ᾽ ἕλικας, κάλυκάς τε καὶ ὅρμους.

Vgl. auch h. Hom. 5, 8—11.

[4]) h. Hom. 5, 7. 8 setzen ihr die Horen einen schön gearbeiteten goldenen Kranz auf (στεφάνην εὔτυκτον, καλὴν, χρυσείην).

[5]) Vgl. Il. 3, 64; 22, 470; Od. 8, 337. 342; 17, 37; 19, 54 und öfter.

d. h. „die mit goldenen Zähnen Versehene", genannt wird[1]). Man hat jenes Epitheton der Aphrodite entweder einfach als „herrlich" oder als „goldgeschmückt" oder auch „goldgelockt" erklären wollen[2]), aber es läfst sich nicht verhehlen, dafs hier ein unaufgeklärter Rest übrig bleibt. Es scheint mir die Vermutung nicht ferne zu liegen, dafs jener goldene oder goldige Glanz, der offenbar von Aphrodite ausgeht und an ihr, offenbar als etwas Auszeichnendes, besonders bemerkt wird, im letzten Grunde wieder darauf beruht, dafs sie gleich den Apsaras eine Wolkengöttin ist. Von golden oder goldig glänzenden, ja geradezu von **goldenen Wolken** zu reden, liegt nahe genug und geschieht auch bei uns oft genug in Poesie und in Prosa[3]).

Ein weiterer Zug, der bei Aphrodite ebenfalls besonders hervortritt, ist ihr **Lächeln**. Sie heifst „die gerne Lächelnde", φιλομμειδής, eines ihrer geläufigsten Beiworte. In dem kleinen fragmentarischen homerischen Hymnus 9 auf Aphrodite heifst es V. 2 und 3 von ihr:

ἐφ' ἱμερτῷ δὲ προσώπῳ
αἰεὶ μειδιάει.

Damit vergleicht sich unmittelbar der Umstand, dafs an den Apsaras gerade ihr fröhliches **Lachen** (hâsya) besonders hervorgehoben wird. Eine von ihnen heifst Hâsinî d. h. „die Lachende"[4]). Namentlich aber möchte ich noch auf eine Stelle des Ṛigveda (10, 123, 5) aufmerksam machen, in welcher es heifst, dafs die Apsaras hoch oben am Himmel ihren Buhlen anlächelt[5]), wobei gerade diejenige Wurzel (smi) gebraucht wird, welche

---

[1]) Vgl. Holtzmann a. a. O. p. 632.
[2]) Vgl. Seilers Wörterbuch zum Homer s. v. χρύσεος.
[3]) Man könnte auch an den goldenen Glanz der Blitze denken, doch liegt dies weniger nah. Der Blitz spiegelt sich vielleicht in dem blinkenden Geschmeide der Göttin wieder. Bei den Apsaras tritt die Beziehung zum Blitz in mehreren Namen besonders hervor, wie z. B. Vidyutâ, Vidyutparṇâ, Vidyotâ.
[4]) Vgl. Holtzmann a. a. O. p. 631.
[5]) RV 10, 123, 5 apsarâ' jâram upasishmiyâṇâ' yóshâ bibharti paramé vyòman.

auch im griech. μειδιάω und φιλομμειδής ohne Zweifel enthalten ist[1]).

In einem geistreichen kleinen Aufsatz hat Theodor Benfey gezeigt, dafs das Blitzen im Ṛigveda als ein Lachen (des Himmels oder der Wolken) aufgefafst wird. Es heifst RV 1, 168, 8 áva smayanta vidyútaḥ pṛthivyā́m „die Blitze lächelten zur Erde herab". Der Himmel lacht (mit seinen Blitzen) durch die Wolken (RV 2, 4, 6 dyāus smáyamāno nábhobhiḥ). Die Blitze heifsen „die aus dem Lachen geborenen" (haskârâ'd vidyútaḥ — jâtâḥ RV 1, 23, 12) u. dgl. m.[2]). Liegt es nicht nahe, in unserem Zusammenhange die Vermutung aufzustellen, dafs jenes Lachen, welches wir an den Apsaras, den alten Wolkengöttinnen, wie auch an Aphrodite als charakteristischen Zug beobachten, ursprünglich das Lachen der Blitze ist, welches Benfey nachgewiesen? — Wenn es blitzte, mag wohl der Urindogermane gesagt haben: „Die Apsaras in den Wolken lacht!" und das Bild dieser lachenden oder lächelnden Wolkengöttin hat sich erhalten bis in späte Zeiten, wenn auch das Naturbild, auf dem es beruht, schon lange nicht mehr im Gedächtnifs des Volkes haftete.

Die Beziehung zu Liebe und Liebesgenufs.

Die Wirkung ihrer reizenden Schönheit verstehen die Apsaras nach den Schilderungen des Epos durch alle Mittel weiblicher Verführungskunst, durch die „schiefen Blicke" (kaṭâksha), die

---

[1]) Vgl. Curtius, Grundzüge d. griech. Etymol. 4. Aufl. p. 330. Eine Spur des anlautenden s der √ smi ist in dem Doppel-μ von φιλομμειδής noch erhalten.

[2]) Vgl. Benfey, Vedica und Verwandtes p. 133—140. Zur Erklärung bemerkt Benfey p. 138: „Übrigens ist die Vergleichung des plötzlich hervorbrechenden Blitzes mit dem plötzlich hervorbrechenden Lachen auch vom allgemein menschlichen Standpunkte keineswegs eine besonders fernliegende. Auch wir brauchen z. B. das Verbum „zucken" von beiden: „Ein freundliches Lächeln zuckte über sein Gesicht", und können unbedenklich sagen: „Wie ein leuchtender Blitzstrahl erhellte ein freudiges Lächeln sein ganzes Gesicht."

Koketterie, das leidenschaftliche Geberdenspiel und das schon erwähnte fröhliche Lachen zur vollen Geltung zu bringen[1]). Sind sie im Ṛigveda noch die Wolkengöttinnen, die mit den priapischen Gandharven verbunden erscheinen und gelegentlich auch einen auserwählten Sterblichen — wie Urvaçî den Purûravas — mit ihrer Liebe beglücken, wird im Atharvaveda ihr dämonischer, Wahnsinn wirkender Einfluſs hervorgehoben[2]), so sind sie in der epischen Zeit durchaus weibliche Genien der Geschlechtslust, die eigentlichen Liebesgöttinnen geworden, wozu sie von vornherein die Anlage in sich tragen. Gerne erzählte man von der Macht ihrer Reize, und die Apsaras spielten in den alten epischen Sagen eine bedeutende Rolle[3]). Zahlreich waren die Liebesbündnisse, welche sie mit Königen und Helden zu schlieſsen pflegten, sehr beliebt im Epos die Verführungsgeschichten der Büſser und Heiligen durch die Apsaras. Die höchste, selbst Götter und Welten zwingende geistige Macht jener Zeit, die Kraft der Buſse sehen wir hier in pikantem Streite sich messen mit der höchsten Macht sinnlichen Reizes und geschlechtlicher Lust, die in den Apsaras verkörpert erscheinen; und oft genug muſs die erstere unterliegen. Leicht und locker pflegen die Liebesbündnisse dieser schönen Nymphen des Indra zu sein. „Wir Apsaras sind frei in der Liebe", sagt Urvaçî zu Arjuna, — und in der That ist es die freie sinnliche Liebe, welche diese Hetären des Götterhimmels repräsentiren. Tiefer angelegt und durchgeführt sind ihre Liebesgeschichten in der älteren Zeit, vor Allem die zwischen Urvaçî und Purûravas, die wir unten eingehend besprechen werden; in der epischen Zeit aber sind die Apsaras durchaus göttliche Hetären oder Hetärengöttinnen.

In eine höhere Sphäre hat der griechische Geist die alte Wolkengöttin zu heben gewuſst, mit feinerem und darum nur um so mächtigerem Reiz hat er sie umkleidet. Es ist die süſsschmeichelnde[4]) Aphrodite, der sich gleich bei ihrem Entstehen Eros und Himeros, das verkörperte Liebesverlangen, gesellen,

---

[1]) Vgl. Holtzmann a. a. O. p. 631.   [2]) Vgl. weiter unten.
[3]) Holtzmann a. a. O. p. 643.   [4]) γλυκυμείλιχος.

Aphrodite, deren Ehre und Anteil bei Göttern und Menschen magdliches Kosen, Lächeln und Täuschung, süfser Genufs und Liebe und ein zartanmuthiges Wesen bildet[1]). Philosophische Denker feierten sie als die himmlische Göttin, Aphrodite *Οὐρανία*, und sahen in ihr die Macht der Liebe, welche Himmel, Erde und Meer und alle sichtbaren Erscheinungen zum schönsten Kosmos verbindet[2]). Solche Auffassung ist aber ohne Zweifel jüngeren Ursprungs; geschlechtliche Liebe und Liebesgenufs bildet den Kernpunkt in Aphrodites Wesen und kommt der Aphrodite *Οὐρανία* ebenso zu wie der *Πάνδημος*[3]). Schon bei Homer ist Aphrodite der Inbegriff aller weiblichen Reize[4]), und die Art, wie sie im homerischen Hymnus bei Anchises erscheint und ihn mit ihrer entzückenden Schönheit zum Liebesgenufs verführt, erinnert sehr an die Liebesgeschichten der Apsaras mit sterblichen Männern. Sie steht vor dem Helden in all ihrem Liebreiz und flöfst ihm süfses Verlangen ein[5]); da begehrt er ihre Liebe und fast ihre Hand, —

φιλομμειδὴς δ' Ἀφροδίτη
ἕρπε μεταστρεφθεῖσα, κατ' ὄμματα καλὰ βαλοῦσα,
ἐς λέχος εὔστρωτον etc.[6]).

Das ist die Apsaras, wie sie leibt und lebt.

---

[1]) Vgl. Hes. Theog. 201—206:
τῇ δ' Ἔρος ὡμάρτησε καὶ Ἵμερος ἕσπετο καλὸς
γεινομένῃ τὰ πρῶτα θεῶν τ' ἐς φῦλον ἰούσῃ.
ταύτην δ' ἐξ ἀρχῆς τιμὴν ἔχει ἠδὲ λέλογχεν
μοῖραν ἐν ἀνθρώποισι καὶ ἀθανάτοισι θεοῖσιν,
παρθενίους τ' ὀάρους μειδήματά τ' ἐξαπάτας τε
τέρψιν τε γλυκερὴν φιλότητά τε μειλιχίην τε.

[2]) S. Preller a. a. O. I, p. 276.

[3]) Die Unterscheidung der Aphrodite Urania als Göttin der reinen, ehelichen Liebe von der A. Pandemos als Göttin der freien Liebe ist späteren Ursprungs, gehört der ethischen Philosophie an und hat keine mythologische Berechtigung. Auch A. Urania ist Göttin der Geschlechtslust und wird so gut wie die Pandemos als Göttin der Prostitution verehrt. Vgl. Preller a. a. O. I, p. 277. 278. 298.

[4]) Vgl. Preller a. a. O. I, 288.

[5]) γλυκὺν ἵμερον h. Hom. 3, 144.   [6]) h. Hom. 3, 156—158.

Der Liebesgenuſs ist nach der griechischen Anschauung geradezu das Gebot der Aphrodite[1]), und im Einklang mit der Entwicklung der späteren Zeit wird ihr Bild immer mehr dem der Hetären angeähnelt, wird Aphrodite geradezu Schutzgöttin der Hetären[2]). Waren in Indien in der Zeit des Epos die Apsaras zu Hetären des Götterhimmels geworden, so verehrte man in Griechenland irdische Hetären als neue Aphroditen, indem man ihnen sogar nach ihrem Tode Monumente und Heiligtümer errichtete, und Künstler wie Praxiteles und Apelles lieſsen sich durch eine Lais oder Phryne zu ihren schönsten Aphrodite-Bildern begeistern[3]).

Die Apsaras in der vedischen Zeit. Urvaçî und Purûravas im Çatapatha-Brâhmaṇa und im Ṛigveda. Die Apsaras eine Schwanenjungfrau.

Wenn wir die Apsaras in ihrem ursprünglichen Wesen klarer zu erkennen wünschen, um die für die Vergleichung wichtigsten Punkte festzustellen, so kommt in erster Linie natürlich die vedische Literatur in Betracht. Was sich im Allgemeinen über die Apsaras im Ṛigveda sagen läſst, haben wir bereits oben angedeutet, es sind uns aber noch weitere Zeugnisse von hoher Wichtigkeit in der Sage von Urvaçî erhalten, der einzigen Apsaras, welche schon in ältester Zeit als eine bestimmt ausgeprägte Persönlichkeit uns entgegen tritt. Von ihr und dem Purûravas handelt ein merkwürdiges Lied des Ṛigveda, und die Geschichte dieses altberühmten Liebespaares wird weiter im Çatapatha-Brâhmaṇa erzählt. Da das Ṛigveda-Lied auſser-

---

[1]) Vgl. Preller a. a. O. I. p. 297. Hierher gehört auch die durch den Glauben geheiligte Prostitution der Mädchen in Cypern und an einigen anderen Orten mit dem Zwecke, sich einen Brautschatz zu verdienen (vgl. Preller I, p. 297; Engel, Kypros II, 143 f.); desgleichen das Institut der weiblichen Hierodulen, wie wir es z. B. in Corinth finden (Preller p. 298); es waren diese Tempeldienerinnen einfach der Aphrodite geweihte Hetären. Orientalischer resp. semitischer Einfluſs erscheint hierbei nicht unwahrscheinlich.

[2]) S. Preller a. a. O. I, p. 301.   [3]) Vgl. Preller a. a. O. I, p. 301.

ordentlich schwierig und dunkel ist und bereits mehrere sehr abweichende Erklärungen erfahren hat, ziehe ich es vor, unsre Betrachtung mit der Sage des Çatapatha-Brâhmaṇa zu beginnen, um von dem Klareren zu dem weniger Klaren vorzuschreiten und durch Jenes vielleicht auch für Dieses Licht zu gewinnen.

Das Çatapatha-Brâhmaṇa erzählt (11, 5, 1 flg.):

Urvaçî, eine Apsaras, liebte Purûravas, den Sohn der Iḍâ. Sie suchte ihn auf und sagte zu ihm: Drei Mal des Tages sollst du mich mit dem Rohrstabe (d. i. mit dem männlichen Gliede) stofsen. Wenn ich nicht will, sollst du dich aber nicht zu mir legen. Auch darf ich dich nicht nackend sehen; das pafst sich nicht für Weiber. (1)

Und sie verweilte lange bei ihm. Sie ward auch schwanger von ihm, so lange verweilte sie bei ihm. Da sprachen die Gandharven unter einander: „Fürwahr, schon lange hat die Urvaçî unter den Menschen geweilt; sehet zu, dafs sie wieder zurück kommt!" Es war aber an ihrer Schlafstelle ein Schaf mit zwei (jungen) Widdern angebunden. Da zerrten die Gandharven den einen (jungen) Widder weg. (2) Da sagte sie: „Ach, als wäre hier kein Mann und kein Mensch, raubt man mir den Sohn!" Da zerrten sie auch den zweiten weg. Und sie sprach wieder so. (3) Er aber dachte da: „Wie sollte das ein Ort ohne Mann und ohne Mensch sein, wo ich doch da bin?" Und er sprang nackend auf. Er hielt es für zu lange, dafs er sein Gewand umnähme. Da erzeugten die Gandharven einen Blitz, und sie sah ihn ganz nackt wie am Tage. Da verschwand sie (mit den Worten): „Ich komme zurück!" Er aber über die Verschwundene in Sehnsucht klagend wanderte durch Kurukshetra. Ein Lotusteich, Anyataḥplaksha mit Namen, in dessen Nähe kam er, da schwammen Apsarasen in Gestalt von Wasservögeln umher¹). (4) Als sie ihn nun erkannte, sprach sie: „das ist ja der Mensch, bei welchem ich weilte!" Die (andern) sprachen: „Wollen wir uns ihm doch offenbaren!" „Gut!" (sagte sie). Da

---

¹) âtayo bhûtvâ paripupluvire; âti ist ein bestimmter, nicht näher festzustellender Wasservogel, etymologisch vielleicht mit „Ente" verwandt.

offenbarten sie sich ihm (nahmen ihre wahre Gestalt an). (5) Als er sie nun erkannte, redete er sie an: „He, Weib, steh still und achte¹), du Arge! Wir beide wollen Wechselrede halten! Nicht unerlaubt ist das, was wir beide vor haben; es soll uns noch Genuſs bereiten in künftigen Tagen!" (RV 10, 95, 1) „Verweile doch, wir wollen uns unterhalten!" So sprach er zu ihr. (6)

Da sprach sie zu ihm hinwieder: „Was soll ich tun mit diesem deinem Worte? Wie die erste (od. vorzüglichste) der Morgenröten bin ich fortgegangen. Purûravas, geh du nur wieder heim! Schwer zu erlangen bin ich wie der Wind!" (RV 10, 95, 2). „Du hast das nicht getan, was ich dir doch sagte: jetzt bin ich von dir hier schwer zu erlangen. Geh wieder nach Hause!" so sprach sie zu ihm. (7)

Da sprach er sehr betrübt: „Nun wird dein Spielgenosse wohl fliehen ohne wiederzukehren, in die weiteste Ferne zu wallen; da wird er wohl liegen im Schooſs des Verderbens, da werden ihn räubrische Wölfe fressen!" (RV 10, 95, 14) „Der Spielgenosse möchte sich jetzt erhängen oder fortfliegen, Wölfe oder Hunde sollen ihn fressen!" so sprach er. (8)

Da sprach sie hinwieder zu ihm: „Purûravas, du sollst nicht sterben und nicht fortfliegen! Nicht sollen die bösen Wölfe dich fressen! Fürwahr, Freundschaft mit Weibern giebt es nicht, — das sind Hyänenherzen!" (RV 10, 95, 15) „Kümmere dich nicht darum, es giebt keine Freundschaft mit Weibern! Geh wieder nach Hause!" so sagte sie zu ihm. (9)

(Urvaçî sprach weiter) „Als ich in andrer Gestalt unter Sterblichen wandelte, da weilte ich vier Herbste (d. i. Jahre)²) dort in den Nächten; einen Tropfen Fett nur einmal des Tages genoſs ich; nun habe ich genug (davon) und gehe weg!" Diesen Dialog in fünfzehn Versen teilen die Verfasser des Ṛigveda mit. Ihr (d. i. der Urvaçî) Herz aber war gerührt³). (10) Sie sprach:

---

¹) Eigentlich „steh still mit deinem Sinn". Vgl. weiter unten.

²) Herbst (çarad) wird für Jahr gebraucht, wie wir von den Lenzen, Sommern oder Wintern reden, die Jemand durchlebt hat.

³) Das unverständliche âvyayâṃcakâra des Textes hat Böhtlingk, wie es scheint glücklich, in âvyathâṃ cakâra geändert; âvyathâ erklärt er als

„Übers Jahr die Nacht sollst du kommen, dann sollst du eine Nacht bei mir liegen, dann wird dir ein Sohn geboren sein." Die Nacht übers Jahr kam er zu den goldenen Häusern (Palästen). Da sagte man zu ihm nur das Eine: „Tritt ein!" Da schickte man sie ihm zu. (11) Sie sprach: „Die Gandharven werden dir am Morgen früh einen Wunsch gewähren, den sollst du wünschen." „Dann wähle du diesen für mich!" sagte er. „Ich will einer von euch sein! so sollst du sprechen" (sagte sie). Am Morgen gewährten ihm die Gandharven einen Wunsch. Er sprach: „Ich will einer von euch sein!" (12) Sie sprachen: „Nicht ist unter den Menschen diese heilige Gestalt des Agni, mit welcher opfernd man einer von uns wird!" In einen Topf ihn legend gaben sie ihm den Agni (und sprachen): „Wenn du mit diesem opferst, wirst du einer von uns sein." Diesen und den Knaben mitnehmend ging er. In einem Walde das Feuer niedersetzend ging er mit dem Knaben ins Dorf (indem er dachte): „Ich komme zurück!" Verschwunden war da das Feuer in den Açvattha-Baum, der Topf in den Çamî-Baum. Da ging er wieder zu den Gandharven. (13)

Sie sprachen: Ein Jahr lang koche den Brei Câtushprâçya! Von diesem Açvattha-Baum sollst du je drei und drei Scheite mit Fett salben und sie mit Sprüchen, welche die Worte „Scheit" und „Fett" enthalten, anlegen. Der Agni, welcher dann entsteht, der wird es sein". (14) Sie sprachen: „Dies liegt doch noch einigermafsen fern! Verfertige du das obere Reibholz vom Açvattha-Baum, das untere vom Çamî-Baum; der Agni, der dann entsteht, der wird es sein." (15) Sie sprachen: „Dies liegt doch noch einigermafsen fern! Verfertige du das obere Reibholz vom Açvattha-Baum, das untere Reibholz auch vom Açvattha-Baum; der Agni, der dann entsteht, der wird es sein". (16) Er machte sich das obere Reibholz vom Açvattha-Baum, das untere Reibholz auch vom Açvattha-Baum; der Agni, der da entstand, der war es; mit diesem opfernd wurde er einer von den Gandharven.

„ein Anflug von Rührung"; âvyathâm kar „ein wenig gerührt werden"; vgl. Böhtlingks Sanskrit-Chrestomathie, 2. Aufl. p. 30, 21 und p. 357; dazu das neue „Sanskrit-Wörterbuch in kürzerer Fassung" s. v. âvyayâ und âvyathâ.

Darum möge man das obere Reibholz vom Açvattha-Baum verfertigen, das untere auch vom Açvattha-Baum; der Agni, der dann entsteht, der ist es; mit diesem opfernd wird man einer von den Gandharven. (17)

Diese Erzählung ist reich an merkwürdigen und alten Zügen. Der Geliebte der Apsaras erscheint hier als Feuerbringer, resp. Feuererzeuger. Er bringt das Feuer aus der Welt der Apsaras-Gandharven, der Wolkenregion, zur Erde hinab. Es erscheint höchst wahrscheinlich, dafs in einer älteren Fassung der Sage Purûravas nicht den Sohn Âyu und das Feuer herabholte, sondern dafs eben dieser Sohn das Feuer selbst war, denn Âyu ist ein Name des Feuergottes Agni, heifst geradezu selbst Feuer, und die Apsaras, die Wolkengöttin, erscheint als Mutter des Feuers, unter welchem hier natürlich das Blitzfeuer gemeint ist. Im engsten Zusammenhange damit und die stärkste Stütze dieser Anschauung bildend steht der von A. Kuhn so schön behandelte indische Opferbrauch der Erzeugung des Feuers durch zwei Reibhölzer, von denen das männliche als Purûravas, das weibliche als Urvaçî, das entspringende Feuer aber als Âyu, der Sohn jener beiden, bezeichnet wird[1]).

Ein sehr merkwürdiger und in der vorliegenden Fassung der Sage durchaus dunkler und unverständlicher Zug ist der, dafs an der Schlafstelle der Urvaçî ein Schaf mit zwei Widdern, offenbar seinen Lämmern, angebunden ist und dafs die Apsaras, als einer von diesen geraubt wird, ausruft: „Ach, man raubt mir meinen Sohn!" Dieser dunkle und seltsame Zug erklärt sich, wie ich glaube, nur dann, wenn man sich daran erinnert, dafs die Apsaras eine Wolkengöttin ist und dafs Widder und Schaf in nächster Beziehung zu Wolke und Wasser stehen. Die Wolken erscheinen selbst als Schafe oder Widder — einer der naheliegendsten Vergleiche — und jenes Mutterschaf mufs offenbar

---

[1]) Vgl. A. Kuhn, Mythologische Studien, Bd. I (Herabkunft des Feuers und Göttertrankes 2. Aufl.) p. 65f. 71f. Weber, Ind. Stud. I, p. 197 Anm. — Ich bemerke noch, dafs die von mir oben übersetzte Erzählung des Çatapatha-Br. auch von Kuhn bereits in seinem Buche „Herabkunft d. F. u. G." in Übersetzung mitgeteilt worden ist.

ursprünglich die Apsaras, die Wolke selbst sein. Unter diesem Gesichtspunkte wird es uns nicht mehr so seltsam, so ungereimt erscheinen, daſs Urvaçî die kleinen Widder ihre Söhne nennt[1]).

Ein alter und bemerkenswerter Zug liegt ohne Zweifel auch in der besonderen Veranlassung, welche die Trennung des Liebespaares zur Folge hat: Urvaçî darf den Purûravas nicht nackt sehen. Wir werden diesen Punkt später eingehend beleuchten.

Von besonderer Wichtigkeit in dieser Erzählung erscheint mir aber der Umstand, daſs die Apsaras Urvaçî hier ganz in der Rolle der germanischen Schwanenjungfrauen auftritt. Der sterbliche Mann findet sie und ihre Genossinnen als Wasservögel in einem See umherschwimmend; sie legen die Vogelhülle ab und offenbaren sich ihm in ihrer wahren Gestalt. Ich möchte nur glauben, daſs in einer älteren Fassung der Sage diese Begegnung an einer andern Stelle stand, daſs sie — wie in den germanischen Erzählungen — das erste Zusammentreffen des Sterblichen mit der Wolkengöttin bildete. Die alte Sage kannte ohne Zweifel nur ein Zusammenleben und eine Trennung dieses Liebespaares, nicht aber zwei Zusammentreffen und zwei Trennungen, wie das Çatapatha-Brâhmaṇa, geschweige denn die schlieſsliche Apotheose des sterblichen Mannes. Der Verfasser des Brâhmaṇa hat offenbar eine Reihe von zum Teil vielleicht fragmentarischen Überlieferungen, Volkssagen und Mythen mit dem Liede des Ṛigveda, welches von Urvaçî und Purûravas handelt, zusammen zu schweiſsen gesucht, und es ist ihm nicht besser gelungen.

Wir wenden uns nun zu dem Liede des Ṛigveda (10, 95), dessen Schwierigkeit und Dunkelheit bereits eine Reihe sehr abweichender Erklärungen veranlaſst hat.

Max Müller, dessen Deutung auch Weber beistimmte[2]), wollte in Urvaçî die Morgenröte erkennen, in Purûravas die Sonne. Er stützte diese Ansicht vor Allem auf den Zug der Sage, daſs Urvaçî verschwinden müsse, wenn sie den Purûravas

---

[1]) Näheres darüber s. weiter unten.
[2]) Vgl. Weber, Ind. Studien I, p. 196.

nackend gesehen habe; die Morgenröte muſs verschwinden, wenn die Sonne unverhüllt in ihrem Glanze erscheint¹). So ansprechend auch dieser Gedanke auf den ersten Blick erscheint, so läſst sich die Deutung bei näherer Prüfung doch schwer aufrecht erhalten. Daſs Urvaçî eine Apsaras ist, kann nicht wohl bezweifelt werden, wenn es auch in diesem Liede nicht ausdrücklich gesagt ist; daſs aber die Apsaras Wolkengöttinnen sind, halte ich gegenwärtig für ausgemacht²). Mit Recht hob bereits A. Kuhn hervor, daſs bei dieser Deutung der Cultusgebrauch, nach welchem Purûravas und Urvaçî das Feuer zeugen, sowie manches andere ganz unerklärt bleibt³). Andrerseits betonte R. Roth mit Recht, daſs in der indischen Sage durchaus Purûravas als der **Mensch**, Urvaçî im Gegensatz dazu als die **Göttin** erscheine, ein wesentlicher Zug, der sich bei der Deutung auf Sonne und Morgenröte schwerlich erklären lasse⁴).

Eine sehr andere, allzu abstrakte Deutung ist von R. Roth versucht worden⁵), dem in der Hauptsache auch Grassmann sich angeschlossen hat⁶). Purûravas wäre darnach eigentlich der „Vielrufende", der Mensch, der die Götter unermüdlich mit seinem Flehen bestürmt, Urvaçî aber wäre die Wunschesfülle oder Gewährungsfülle⁷). „Nach dem ältesten Inhalte beider Namen würde also ihre Beziehung darin liegen, daſs Purûravas, der allzeit heischende Mensch, niemals vollkommen und auf die Dauer genieſsen kann die Fülle der Gewährung seiner Wünsche, die Urvaçî, die himmlische Genie, die, wenn sie auch einmal ihm sich zuneigt, niemals ganz bei ihm heimisch wird. Diesen Boden

---

¹) Vgl. Max Müller, Oxford Essays 1856 p. 60f. (Chips from a German Worksh. II, 102f.; Essays II, 90f.).

²) Vgl. E. H. Meyer, Gandharven-Kentauren p. 184 f. und öfters; sowie die ganze hier vorliegende Abhandlung.

³) S. A. Kuhn, Mytholog. Studien I, p. 77. („Herabkunft d. F. u. G." 1. Aufl. p. 86.)

⁴) S. Roth, Erläuterungen zum Nirukta p. 155. 156.

⁵) S. Roth, Erläut. z. Nirukta p. 155.

⁶) Vgl. Grassmanns Übersetzung des Rigveda, Bd. II p. 488.

⁷) Vgl. Erläut. z. Nirukta p. 155. Die auf den dunklen Vers RV 4, 2, 18 aufgebaute Bedeutung ist keinesweges sichergestellt.

hat aber die Dichtung frühe verlassen und mit Verdrehung der Namen — eine in den Sagenentwickelungen sehr häufige und wichtige Erscheinung — der Sage eine derbere Grundlage gegeben". Es wäre nach Roths Auffassung später Purûravas als „der Brüller", das Bild eines brünstigen Stieres, Urvaçî als „die Geile" gefaßt[1]) und das Verhältniß dem entsprechend ausgemalt[2]).

Von dieser Deutung sagte schon Kuhn mit Recht, „daß sie allzu abstrakt der mythischen Gestaltung ältester Zeit gar keinen sinnlichen Hintergrund giebt"[3]). Der ganze Gedankengang Roths ist sehr gekünstelt und bringt nicht den Eindruck der Wahrscheinlichkeit hervor. Das Lied bleibt bei dieser Auffassung, wie übrigens auch bei der Max Müllerschen, der Hauptsache nach dunkel[4]).

Weit näher war der Wahrheit früher schon Chr. Lassen gekommen, der die Urvaçî für eine Luftgöttin erklärte, weil

---

[1]) S. Erläut. z. Nirukta p. 154; urvaçî soll aus uru-vaçî entstanden sein „nach einer im Zend besonders häufigen Lautverschlingung".

[2]) Grassmann, Übersetzung des Rigveda II, p. 488 urteilt: „Das ganze Lied ist späten Ursprungs und scheint aus einer ursprünglich religiösen Idee in das Gebiet grober Sinnlichkeit übertragen, und durch noch spätere Einschiebungen, die sich mit Wohlgefallen auf diesem Gebiete bewegen, vermehrt zu sein. Purûrava, der viel rufende, der Sohn der Idâ (der Andachtsergießung) und Urvaçî, die viel begehrende oder auch die viel gewährende, die Genie der Inbrunst, erscheinen hier durchaus nicht mehr in dieser ethisch-religiösen Beziehung, sondern das Verlangen des zu den Göttern rufenden Menschen, und die Gewährung der die Inbrunst erweckenden und belohnenden Göttin, sind hier in sinnliche Begierde und Wollust umgewandelt. Urvaçî hat sich dem Purûravas hingegeben, ist aber in dem Moment, den das Lied vor Augen stellt, im Begriff, sich von ihm zu trennen, und scheidet zuletzt von ihm mit der Verheißung, daß er in den Himmel (svarga) der Seligen aufgenommen werden soll."

[3]) Vgl. Kuhn a. a. O. p. 78.

[4]) Grassmann sagt a. a. O. p. 488: „Vieles in dem Liede bleibt dunkel und abgerissen, und die spätere an dies Lied geknüpfte Fabel kann nicht zur Aufhellung dieses Dunkels verwandt werden." Daß dies jedoch gerade der einzige Weg zur Aufhellung ist, wird weiter oben im Texte gezeigt werden.

es in der von Yâska Nir. XI, 36 mitgeteilten Stelle (RV 10, 95, 10) heifst, dafs sie in ihrem Falle wie der Blitz leuchte, dafs sie Wasser gebe und das Leben verlängere[1]); er ist auf die Sache aber nicht näher eingegangen.

Ich bin zu der Überzeugung gelangt, dafs das schwierige und dunkle Lied sich nur dann einigermafsen aufhellt, wenn man — nach Anleitung der Sage im Çatapatha-Brâhmaṇa — in dem Mythus von Purûravas und Urvaçî die Liebesgeschichte eines Sterblichen mit einer Schwanenjungfrau sieht, welche letztere nach einem zeitweiligen glücklichen Zusammenleben wieder entflieht, wie uns Ähnliches auch bei manchen andern indogermanischen Völkern erzählt wird. Das Lied des Ṛigveda ist aber keineswegs — wie Grassmann glaubte — späten Ursprungs, vielmehr gehört es nach meinem Urteil zu den ältesten und echtesten Stücken des Ṛigveda, birgt einen uralten Sagengehalt mit mythischem Hintergrunde in sich und erinnert in seiner seltsamen, springenden, dunklen und abgerissenen Diction sehr merkwürdig an altgermanische Dichtungen, wie sie uns namentlich in der Edda erhalten sind.

Ich will es versuchen, von diesem Gesichtspunkte aus das Gedicht zu erläutern, und beginne, bevor ich eine fortlaufende Übersetzung gebe, mit einer Besprechung der einzelnen Verse und wörtlicher Wiedergabe ihres Inhalts. Das Gedicht ist in Form eines Dialogs gehalten. Urvaçî, welche längere Zeit mit Purûravas zusammen gelebt hat, entflieht ihm jetzt und wird von ihm flehentlich gebeten, zurückzukehren, wobei er immer wieder ihres einstigen Zusammentreffens, ihrer glücklichen Vereinigung gedenkt; aber vergebens, sie flieht, um nicht wieder zu kehren. RV 10, 95.

Zunächst ruft Purûravas die Fliehende an und will sie offenbar zu einem weiteren Zusammenleben bewegen: „He, Weib, steh still und achte[2]), du Arge! Wir beide wollen Wechselrede

---

[1]) Vgl. Lassen, Ind. Altertumskunde I¹, 432 Anm. 2.
[2]) Eigentlich „steh stille mit deinem Sinne" (mánasâ tishṭha), das heifst wohl „steh still und merke oder achte!"

halten! Nicht ist es verboten, was wir beide im Sinne haben¹); es wird uns noch Genufs bereiten an einem künftigen Tage." (1)

Urvaçî ist abgeneigt, darauf einzugehen und erwidert: „Was soll ich tun mit dieser deiner Rede? Wie die erste (oder schönste) der Morgenröten bin ich dahin gegangen; Purûravas, geh wieder heim! Schwer zu erlangen bin ich wie der Wind!" (2)

Jetzt gedenkt Purûravas, begeistert schildernd, jener ersten Begegnung, da er die geliebte Schwanenjungfrau in der Schaar ihrer Genossinnen erblickt und wo sie seiner Manneskraft sich hingab; er ruft:

„Schön wie ein Pfeil aus dem Köcher, wie ein schnelles Geschofs, das Kühe gewinnt und Hunderte erbeutet [war sie, d. h. die Urvaçî; so schofs sie dahin, nämlich in Vogelgestalt, als âti; cf. V. 9]; nicht erglänzte sie bei unmännlichem Willen; die stürmenden (od. brausenden) liefsen ein Geblök vernehmen wie Schafe²)." (3)

Weiter erinnert Purûravas die Geliebte an ihr glückliches Zusammenleben im Hause seines Vaters, wohin er sie offenbar heimgeführt hatte; er sagt:

„Dem Schwiegervater Reichtum spendend, ihre Jugendkraft, wenn der Liebhaber es verlangt, im innern Gemache [eben diesem, dem Liebhaber darbietend]³), hat sie ein Heim erlangt,

---

¹) Wörtlich „nicht sind diese unsre Pläne verboten".

²) Einer der schwierigsten Verse, der — bis jetzt ganz dunkel und unerklärt — mir erst bei meiner Auffassung einen passenden Sinn zu ergeben scheint. Wie einen Pfeil sah er sie dahin schiefsen, den Wasservogel! Sie erglänzte nicht bei unmännlichem Willen, aber seiner Manneskraft gab sie sich hin! Bei dem Erglänzen darf wohl auch daran erinnert werden, dafs der Sprofs der Umarmung des Purûravas und der Wolkengöttin ja der Blitz, das Feuer ist. Die Stürmenden oder Brausenden sind die Genossinnen oder Schwestern, welche in einer Schaar rasch dahinfliegend gedacht sind. Dabei ist es sehr bedeutsam, dafs es heifst „sie blökten wie Schafe", denn die Wolken resp. die Wolkengöttinnen werden ja eben als Schafe gedacht, wie schon oben angedeutet ist, und eben darum findet sich in der Sage des Çatapatha Brâhmaṇa an der Schlafstelle der Urvaçî ein Schaf mit zwei jungen Widdern, den Söhnen der Urvaçî, angebunden. Vgl. weiter unten.

³) Der 2. Pâda ist etwas unbequem; dádhatî ergänzt sich leicht, man mufs aber auch úshâya ergänzen; vor allem störend ist aber ántigṛhât, das

an dem sie Gefallen fand, Tag und Nacht mit dem Rohrstabe gestofsen." (4)

Jetzt geht Urvaçî auf die Erinnerung an jene Zeit ein; sie bestätigt es, dafs sie dem Geliebten zu Willen war, hebt aber hervor, dafs er etwas starke Ansprüche an sie gestellt habe; sie sagt:

„Dreimal des Tages hast du mich mit dem Rohrstabe gestofsen und fülltest mir ein, auch wenn ich es nicht verlangte; Purûravas, ich war dir zu Willen, du warst, o Held, damals der Herrscher über meinen Leib." (5)

Purûravas gedenkt nochmals jener ersten Begegnung, da er die Kette der Wasservögel, die Schwanenjungfrauen, über den See dahinfliegen sah; er schildert:

„Die lauttönende Schaar (Linie, Reihe oder Kette), die in Liebe verbundene, im See sich spiegelnd, eng verschlungen wandelnd; wie rötlicher Schmuck zogen sie dahin, herrlich wie Milchkühe liefsen sie sich vernehmen[1])." (6)

Jetzt hebt Urvaçî preisend auch die Bedeutung des Purûravas hervor, seine mannhaften Leistungen und die Beachtung, welche ihm von Seiten der Götter zu Teil geworden, — Alles wohl zur Motivirung dessen, dafs sie sich ihm hingegeben; sie sagt:

„Als er geboren ward, safsen die Götterfrauen bei ihm, und es kräftigten ihn die willkommenen Ströme, als dich, o Purûravas, zur grofsen Schlacht, zur Feindetötung die Götter stärkten." (7)

„in der Nähe des Hauses" übersetzt wird. Der Vers scheint gestört und ich halte ántigṛhât für entstellt etwa aus antargṛhât oder antargṛhe „im inneren Gemache, drinnen im Hause", welches Wort dann freilich auch an eine andere Stelle des Verses gerückt werden müfste. Der wesentliche Sinn, dafs Urvaçî den Schwiegervater reich machte und dem Liebhaber, d. h. Purûravas, zu Willen war, ist unter allen Umständen klar.

[1]) Dieser Vers gehört zu denen, welche bei den bisherigen Deutungen stets ganz dunkel blieben, und erst bei unserer Auffassung gelangt er zu einem passenden Sinn. Die Kette der Wasservögel, der âtayaḥ, flog über den See dahin und spiegelte sich darin; sie sahen schön und glänzend aus und liefsen ihre Stimme laut erschallen. Der Vergleich mit den Kühen liegt einem vedischen Dichter bei Allem, was schön ist, bekanntlich sehr nahe.

Purûravas gedenkt weiter jener ersten Begegnung, wie er sich den Schwanenjungfrauen nahte:

„Als ich, der Mensch, diesen nicht menschlichen Weibern, die ihre Hülle (ihr Gewand) fallen liefsen [1]), mich vertraulich nahte, da bebten sie vor mir zurück wie eine furchtsame (zitternde) Natter [2]), wie Rosse, die gegen den Wagen ausschlagen [3])." (8)

Urvaçî geht ihrerseits auf die Schilderung jener ersten Begegnung ein und sagt:

„Wenn der Sterbliche, lüstern nach den unsterblichen Weibern, in ihre Schaaren wie in Begeisterung sich mengt, da schmücken sie ihre Leiber wie Âti-Vögel, wie Rosse, die mutwillig spielend um sich beifsen [4])." (9)

Purûravas gedenkt der Erfüllung seiner Wünsche durch die blitzleuchtende Wolkengöttin:

„Sie, die wie ein fallender Blitz leuchtete, die Wasserfrau brachte mir, was ich begehrte [5]); geboren ward aus dem Nafs ein edler Knabe, Urvaçî schuf (oder soll schaffen) langdauernde Lebenskraft [6])." (10)

---

[1]) Die unsterblichen, halbgöttlichen Weiber lassen ihr Gewand oder ihre Hülle (átka) fallen, — wohl um zu baden? Man denkt an das Schwanenhemd der deutschen Schwanenjungfrauen.

[2]) Das Wort, welches hier in Übereinstimmung mit dem Petersb. Wörterbuch und Grassmann durch Natter (Schlange) übersetzt ist, (bhujyú) kommt in dieser Bedeutung vielleicht nur hier vor und ist als dunkel und schwierig zu bezeichnen. Die Bedeutung ist von den Erklärern nur vermutungsweise erschlossen. Sie würde übrigens auch zu unserer Auffassung dieser Erzählung recht gut stimmen. Man erinnere sich, dafs in der ältesten Form der Melusinensage die Elbin gerade ursprünglich Schlange ist, — der Fischleib ist eine spätere Version. Vgl. Mannhardt, Wald- und Feldkulte II, p. 67. Ähnliche und verwandte Sagen s. ebenda vorher und nachher.

[3]) Ob die Rosse hier und im folgenden Verse blos ein allgemeines Bild sein sollen oder ob ihre Erwähnung hier damit zusammenhängt, dafs das Rofs in naher Beziehung zu Wasser und Wolke steht, lasse ich dahingestellt.

[4]) Oder: „Als der Sterbliche — sich mengte, da schmückten sie" etc.

[5]) kâ´myâni „das Begehrenswerte" oder „die begehrenswerten Dinge".

[6]) Wem? ist nicht gesagt; entweder dem Purûravas oder dem Sohne; das Wort Lebenskraft (ā́yus) spielt deutlich an auf den Namen des Sohnes (Âyu).

Urvaçî preist hinwieder den männlichen Schutz des Purûravas, den auch sie genossen, bedauert aber, dafs er sich nicht nach ihrem Worte gerichtet habe:

„Du bist so recht dazu geboren, Schutz zu verleihen, und diese Kraft, o Purûravas, hast du auch an mir bewährt; ich, die Kundige, unterwies dich an jenem Tage; du hörtest nicht auf mich; was wirst du nun sagen, nachdem du den Genufs verloren?[1]" (11)

Purûravas sucht Urvaçî zum Bleiben zu bewegen, indem er sie darauf aufmerksam macht, wie der Sohn nach ihr sich sehnen werde:

„Wenn der Sohn, der geborene, nach dem Vater verlangt, dann wird er, sich sehnend, Thränen vergiefsen, der verständige[2]); wer darf zwei einträchtige Gatten trennen, wenn das Feuer schon bei den Schwiegereltern flammte?[3]" (12)

Urvaçî erwidert, sie werde ihn schon zu trösten wissen:

„Ich will zu ihm reden, wenn er die Thräne rollen läfst; ob er auch dessen gedenkt, doch soll er nicht jammern nach freundlicher Fürsorge[4]); was du noch bei uns hast, das werde ich dir senden; geh heim! Nicht wirst du mich erlangen, Thor!" (13)

Purûravas, gekränkt und verzweifelt, weist darauf hin, dafs Urvaçîs Scheiden sein Untergang sein werde:

„Nun wird der Spielgenosse (d. h. dein Sp.) fortfliegen ohne wieder zu kehren, in die äufserste Ferne zu wallen; dann wird er liegen im Schoofs des Verderbens, dann werden die räuberischen Wölfe ihn fressen." (14)

---

[1]) Hier ist deutlich auf eine Warnung angespielt, welche Urvaçî gegeben, Purûravas aber nicht befolgt habe, was den Bruch des Verhältnisses zur Folge hat, wie dies ähnlich in den entsprechenden Schwanenjungfrau- und Elbinnensagen wiederkehrt; vgl. Kuhn a. a. O. 80.

[2]) Ich lese yadấ statt kadấ; das Verbum mufs dann natürlich betont werden.

[3]) D. h. nachdem der Ehebund geschlossen; mit dem Feuer ist natürlich das Hochzeitsfeuer gemeint.

[4]) D. h. ich werde ihn schon trösten.

Urvaçî bleibt ungerührt dabei und meint, das wäre nicht so schlimm, er habe nur Weiberart kennen gelernt:

„Purûravas, du sollst nicht sterben, nicht fortfliegen! nicht sollen die unholden Wölfe dich fressen! Fürwahr, es giebt keine Freundschaft mit Weibern, das sind Hyänenherzen!" (15)

Urvaçî weist auf die Entbehrungen hin, welche sie bei ihrem irdischen Aufenthalt ertragen habe, und erklärt definitiv, dafs sie ihn verlassen müsse:

„Als ich in fremder Gestalt bei den Sterblichen wallte, da weilte ich vier Herbste dort in den Nächten; einen Tropfen Fett nur einmal des Tages genofs ich, nun habe ich genug (davon) und gehe[1])." (16)

Ich glaube, dafs bei dieser Auffassung das schwierige Lied der Hauptsache nach aufgeklärt und verständlich geworden sein dürfte, und es ergiebt sich, dafs hier, in dem ältesten und merkwürdigsten Denkmal der Sage, die Urvaçî als Schwanenjungfrau erscheint, die sich mit dem Sterblichen für einige Zeit verbindet, aber als er gegen ihre Warnung gehandelt, sich wieder von ihm scheidet.

Dieses interessante, altertümliche Lied erinnert in seiner springenden, dunklen Ausdrucksweise lebhaft an das Älteste, was wir von germanischer Poesie kennen, und es entbehrt auch ebensowenig wie die Lieder der Edda eines hohen poetischen Reizes, wenn derselbe auch vielleicht nicht bei einmaligem Lesen schon aufgeht. Ich habe, um dieses merkwürdige Denkmal ältester indischer Poesie und Sage geniefsbarer und zugleich verständlicher zu machen, um es uns menschlich näher zu bringen, den Versuch gemacht, dasselbe in eine Form zu bringen, die der alt-

---

[1]) Damit ist nach meiner Ansicht das alte Lied zu Ende; Vers 17 und 18 sind ein späterer Zusatz, wie sich deutlich erkennen läfst:

Die den Luftraum erfüllende Durchmesserin des Dunstkreises, die Urvaçî lade ich ein, ich Vasishṭha; zu dir gelangen soll die Spende der Frömmigkeit; kehre ein! es quält sich mein Herze. (17)

So sprachen zu dir die Götter, o Sohn der Iḍâ: weil du ein Todesgenosse bist, so soll dein Geschlecht mit Opferspende den Göttern dienen, und du selbst im Himmel selig sein. (18)

germanischen verwandt ist. Bei der Wichtigkeit des Liedes nicht nur im Allgemeinen, sondern auch speciell für unsere Untersuchung, wird man es mir wohl gerne erlauben, diesen Versuch hier mitzuteilen, und hoffe ich, daſs derselbe dazu beitragen wird, das Interesse für diese merkwürdige alte Schöpfung zu erhöhen.

Purûravas spricht:
 He, Weib, steh still und achte, du Arge!
 Laſs Wechselrede uns beide halten!
 Nicht ist es verboten, was beide wir wollen!
 Es gewährt uns noch Wonne in kommenden Tagen. (1)

Urvaçî spricht:
 Was soll ich nur tun mit solchem Worte?
 Ich schwand wie die schönste der Morgenröten;
 Heim reise du wieder, Purûravas!
 Schwer bin zu gewinnen ich wie der Wind. (2)

Purûravas:
 Schön schoſs sie dahin wie der Pfeil aus dem Köcher,
 Wie ein schnelles Geschoſs, das Schätze erbeutet;
 Nicht mutlosem Manne wollte sie leuchten;
 Es blökten wie Schafe die stürmenden Schwestern. (3)

 Den Schwäher beschenkte sie mit Schätzen,
 Zu Willen war sie dem Buhlen im Hause;
 Sie hatte ein Heim, so wie sie es wünschte,
 Mit dem Stabe gestoſsen bei Nacht und bei Tage. (4)

Urvaçî:
 Du stieſsest mich dreimal des Tags mit dem Stabe,
 Du fülltest mir ein, auch wenn ich nicht wollte;
 Purûravas, dir war ich zu Willen,
 Du warest, o Held, meines Leibes Herrscher. (5)

Purûravas:
 Laut tönend die Schaar, in Liebe verbunden,
 Im See sich spiegelnd, vereinigt eilend;
 Wie rötlicher Schmuck so sah man sie reisen,
 Wie Brüllen der Kühe so hörte mans brausen. (6)

Urvaçî:
> Es wachten bei ihm die Weiber der Götter,
> Bei seiner Geburt, ihn stärkten die Ströme,
> Zum furchtbaren Kampfe, zur Feindetötung
> Haben die Götter dich selber gekräftigt. (7)

Purûravas:
> Ein Mensch nur naht' ich nicht-menschlichen Weibern,
> Es fiel ihr Gewand, und ich fing an zu kosen;
> Sie fuhren zurück wie die furchtsame Natter,
> Wie Rosse, die wider den Wagen stoſsen. (8)

Urvaçî:
> Wenn der sterbliche Mann sich mengt in die Schaaren
> Unsterblicher Weiber, nach Liebe lüstern,
> Dann putzen den Leib sie wie Wasservögel,
> Wie spielende Rosse sieht man sie beiſsen. (9)

Purûravas:
> Wie ein fallender Blitz so sah ich sie blinken,
> Die Wasserfrau brachte mir Wunsches Erfüllung;
> Geboren ward aus dem Wasser ein Knabe;
> Da verlieh ihm Urvaçî langwährende Kraft. (10)

Urvaçî:
> Schön bist du geschaffen, Schutz zu verleihen,
> Du hast deine Macht auch an mir bewähret;
> Wohl wissend wies ich dir die Gefahren:
> Nicht hörtest du leider, nun verlorst du das Glück! (11)

Purûravas:
> Den Sohn, der geboren, wird Sehnsucht erfassen,
> Des Vaters gedenkend, in Thränen trauernd;
> Wer darf einträchtige Gatten trennen,
> Wenn das Feuer schon flammte im Hause der Eltern? (12)

Urvaçî:
> Wenn die Thräne ihm rollt, dann red' ich zum Sohne,
> Nicht jammernd soll er nach Liebe lechzen;
> Was dein ist bei uns, das will ich dir senden;
> Nicht erlangst du mich, Thor, geh lieber nach Hause! (13)

Purûravas:
: Nun entflieht dein Genofs und nie kehrt er wieder,
: Nun wird er wallen in weiteste Ferne,
: Dann wird er liegen im Schoofs des Verderbens,
: Dann werden die wüthenden Wölfe ihn fressen! (14)

Urvaçî:
: Nicht sterben wirst du, nicht weithin fliegen,
: Nicht werden die wilden Wölfe dich fressen;
: Nur Eines erfährst du: Nicht frommt die Freundschaft
: Mit Weibern, — sie haben Hyänenherzen! (15)
: Als in fremder Gestalt ich bei Sterblichen wallte,
: Da weilt' ich vier Herbste dort in den Nächten;
: Einen Tropfen Fett nur einmal des Tages
: Genofs ich, nun hab' ich genug und gehe! (16)

Aphrodite als Schwanenjungfrau. Nemesis. Upis. Berührungspunkte mit Urvaçî. Purûravas-Anchises. Idâ-Ἴδη.

Nachdem wir die Apsaras im Veda als eine Schwanenjungfrau kennen gelernt haben, liegt nichts näher für uns als die Frage, ob sich nicht an Aphrodite Züge nachweisen lassen, welche darauf hindeuten, dafs auch sie ursprünglich als Schwanenjungfrau erschienen sein möchte.

Zunächst giebt uns da die bildende Kunst einen beachtenswerten Wink durch eine gröfsere Gruppe von Darstellungen, in welchen eine auf einem Schwan sitzende oder reitende Frau über das Meer oder durch die Lüfte getragen erscheint. Diese Darstellungen sind nicht nur recht verbreitet, sondern sie reichen auch in frühe Zeit zurück. „Die Vorstellung der von einem Schwan getragenen Frau — sagt Kalkmann — wurzelt tief in der künstlerischen Anschauung des Altertums: man begegnet ihr in früher und später Zeit, auf Monumenten ganz verschiedener Art, wie Reliefs, Münzen, geschnittenen Steinen, Vasen, Spiegeln und Statuen[1]." Die Deutung dieser Darstellung hat jedoch längere

---

[1] Kalkmann, Aphrodite auf dem Schwan, Jahrbuch des Kaiserl. Deutschen Archäolog. Instituts, Bd. I, Heft 4 (1886) p. 231.

Zeit geschwankt. Die Schwanenjungfrau, wie sie **Kalkmann** wegen dieser engen Verbindung mit dem Schwane nennt, wurde ehedem wohl als Leda bezeichnet. **Otto Jahn** wollte in der von einem Schwan übers Meer getragenen Frau auf Münzen von Kamarina die Nymphe Kamarina erkennen. Aber andre Darstellungen verlangten eine andre Bezeichnung und führten ihn auf Aphrodite. **Stephani** gab eine Übersicht aller Darstellungen der von dem Schwane getragenen Frau und hob es mit Recht hervor, daſs auf den meisten Vasengemälden die von dem Schwane getragene Göttin durch Beifügung von Eroten als Aphrodite gekennzeichnet wäre. Dazu kam, daſs auf mehreren Darstellungen — wie sich herausstellte — die Göttin auf dem Schwan inschriftlich direct als Aphrodite bezeichnet war, und **Benndorf** betonte mit Recht, daſs die inschriftlich sicheren Bilder aller ferneren Interpretation als Richtschnur dienen müſsten[1]). So ist man denn in den Kreisen der Kenner zu der Überzeugung gelangt, daſs diese „Schwanenjungfrau" niemand anders sein kann als Aphrodite.

In der Literatur suchen wir allerdings die auf dem Schwan reitende Aphrodite vergebens, und das Schwanengespann der Göttin erscheint zuerst bei römischen Dichtern, jedenfalls beeinfluſst durch die bildende Kunst[2]). Diese letztere hat aber in diesem Falle wie auch sonst oft genug eine altüberlieferte Anschauung mit gröſster Zähigkeit festgehalten. Die bildliche Tradition ist ebenso alt wie die literarische und der letzteren gleichberechtigt; und so braucht uns dies nicht Wunder zu nehmen. Immerhin aber erscheint es doch als eine beachtenswerte Tatsache, daſs diese Vorstellung in der Literatur so gut wie verschwunden ist, und ich glaube, daſs **Kalkmann** Recht hat zu sagen: „Wenn der Schwan auf Grund einer durchsichtigen Symbolik der Liebesgöttin zugeeignet worden wäre, wie z. B. die Taube, würde er sich neben dieser behauptet haben[3])." Der Schwan ist kein aphrodisischer Vogel, zeichnet sich nicht durch

---

[1]) S. Kalkmann a. a. O. p. 232. [2]) Kalkmann a. a. O. p. 232.
[3]) S. Kalkmann a. a. O. p. 234.

starken Begattungstrieb oder Fruchtbarkeit aus. Die Deutungen des Schwans auf Licht, Frühling oder auch ein Sternbild sind blafs und scheinen mir wenig befriedigend. Näher schon liegt die Annahme, dafs der Schwan als Wasservogel zum Reittier der Wassergöttin geworden. Ganz klar aber wird diese alte und enge Verbindung der Aphrodite mit dem Schwan, sobald man in ihr, unserer obigen Entwicklung folgend, eine alte Schwanenjungfrau erblickt, die ja als solche auch wieder mit dem Wolken-Wasser-Gebiet in engster Beziehung steht. Die altindogermanische Schwanenjungfrau, die bald in Schwanengestalt fliegt, bald als Jungfrau erscheint, wäre bei den Griechen umgewandelt in die Jungfrau, die auf dem Schwan reitet[1]). Solche Umwandelung stände gewifs im Einklang mit dem unvergleichlichen Schönheitssinn der Griechen und würde ihm alle Ehre machen; und die enge Verbindung der Aphrodite mit dem Schwan in der alten griechischen Kunst dürfte bei dieser Annahme wohl ausreichend erklärt sein[2]).

---

[1]) Neben die besprochenen Darstellungen der Aphrodite auf dem Schwan ist vielleicht noch eine Reihe von Terracotten älteren Styles zu stellen, „welche eine thronende oder auch stehende Göttin in feierlicher Haltung und reicher Bekleidung, zuweilen mit dem Kalathos auf dem Kopfe zeigen, die einen Schwan, der meist in der Art eines symbolischen Attributes viel zu klein gebildet ist und auch als Gans bezeichnet werden könnte, neben sich haben, oder auf dem Schoofse, dem Arme oder der Hand tragen". Sie kommen an verschiedenen Orten Griechenlands, in Unteritalien und Sicilien vor. Es darf nur an eine grofse und weitverbreitete Göttin gedacht werden, und zwar ist es nach Furtwängler vielleicht Aphrodite, vielleicht aber auch Artemis (s. Sammlung Sabouroff, Excurs z. Taf. LXXI, p. 15).

[2]) Ich möchte noch auf einen, wie mir scheint, bemerkenswerten Nebenumstand bei den griechischen Darstellungen der Schwanenjungfrau aufmerksam machen, nämlich auf das wiederholte Erscheinen der Tympana in denselben. Nicht nur begegnen uns dieselben da, wo die Schwan-Aphrodite sich in dionysischer Umgebung zeigt, wie auf dem Vasenbilde bei Kalkmann a. a. O. Taf. 11, 2; sondern auch auf der von Stephani veröffentlichten Vase von Kertsch, wo nur zwei Eroten zu beiden Seiten der Göttin flattern, trägt jeder von ihnen ein Tympanon (s. das Bild bei Kalkmann a. a. O. p. 231); ja die Schwan-Aphrodite erscheint sogar selbst als Trägerin desselben: „Auf einer rotfigurigen Vase späteren Styles sehen wir die reich

Bisweilen ist die Verbindung, in der Aphrodite mit dem Schwan erscheint, einigermaſsen unklar; sie zeigt sich da nicht auf dem Schwan sitzend oder reitend, sondern nur irgendwie eng mit ihm verbunden, hinter ihm stehend oder dgl. m.; so z. B. in der von **Stephani** mitgeteilten Vase von **Kertsch**, die **Kalkmann** zu einer wohl gewiſs nicht richtigen Deutung veranlaſst hat[1]). Gerade die Unklarheit der Verbindung spricht nur noch mehr für unsere Ansicht von dem Sachverhalte. Die Vorstellung vom Schwan und die von der Aphrodite waren seit Alters eng verbunden, ohne daſs der Grund dieser Verbindung noch im Bewuſstsein des Volkes gelebt hätte. Es lag unter solchen Umständen nahe, den Schwan zum Reittier der die Luft durchfahrenden Göttin zu machen; aber nicht immer ist er dies oder braucht es zu sein. Er erscheint nur mit der Göttin, weil sie alte Schwanenjungfrau war.

Es liegt nun nahe, weiter zu fragen, ob wir denn nirgends Spuren einer förmlichen Verwandlung der Göttin in einen Schwan oder umgekehrt vorfinden? Erst dies würde uns doch ganz und sicher die altindogermanische Schwanenjungfrau erkennen lassen.

Solche Verwandlung können wir nun freilich nicht an Aphrodite selbst direct nachweisen, aber wir finden sie bei einer Ge-

---

bekleidete und geschmückte Göttin, welche ein mit Binden verziertes Tympanon in der ausgestreckten Linken hält, von einem Schwane durch die Lüfte dahingetragen." — Es liegt nahe, daran zu erinnern, daſs gerade die dundubhi oder Pauken speciell im Kreise der Apsaras-Gandharven zu Hause sind und von diesen halbgöttlichen Wesen gerührt werden. Eine der Apsarasen heiſst geradezu Dundubhi „die Pauke" (vgl. auch E. H. Meyer a. a. O. p. 25. 205). Es scheint mir namentlich im Hinblick auf die letztangeführten Darstellungen doch fraglich, ob wir das Tympanon als erst aus dem dionysischen Kreise hier eingedrungen zu betrachten haben; ich möchte vielmehr vermuten, daſs Aphrodite als alte Apsaras das Tympanon trägt, desgleichen ihre Eroten, die, wie wir später sehen werden, ursprünglich ebenfalls Apsarasen waren. — Der Blätter- oder Blütenzweig auf einigen Darstellungen der Schwan-Aphrodite (Kalkmann a. a. O. p. 245. 246) deutet wohl auf Aphrodites Beziehung zur Vegetation, die ihr als befruchtender Wolkengöttin ja ebenfalls innewohnt.

[1]) Eine Anadyomene in Kleidern ist kaum möglich.

stalt der griechischen Mythologie, die der Aphrodite aufs nächste verwandt, aller Wahrscheinlichkeit nach ihr geradezu wesensgleich zu setzen ist, — bei der Nemesis, der Mutter der Helena nach altgriechischer Sage, und so führt uns ein indirecter Weg doch zu dem erwünschten Ziele.

Nemesis, eine mächtige Göttin der Natur, der Aphrodite nah verwandt[1]), hatte einen berühmten Cultus zu Rhamnus in Attika. Ihr Bild daselbst wurde der Aphrodite sehr ähnlich gefunden[2]), und es wird erzählt, dafs Phidias oder sein Schüler Agorakritos mit demselben eigentlich eine Aphrodite hatte darstellen wollen[3]). Sie wird geradezu $Οὐρανία\ Νέμεσις$ genannt[4]) und gilt gleich der Aphrodite als eine Tochter des Okeanos[5]). Aufserdem wurde die Nemesis in Smyrna verehrt, oder vielmehr galt der angesehene Cultus daselbst einer Mehrzahl von sogenannten $Νεμέσεις$. Es waren dies weibliche geflügelte Dämonen, die „mit Liebeswerken und dem natürlichen Entstehen und Vergehen der Dinge zu thun hatten"[6]), gewissermafsen weibliche Eroten, wozu man die Stelle des Pausanias 1, 33, 6 vergleichen möge: $ἐπιφαίνεσθαι\ τὴν\ θεὸν\ μάλιστα\ ἐπὶ\ τῷ\ ἐρᾶν\ ἐθέλουσιν,\ ἐπὶ\ τούτῳ\ Νεμέσει\ πτερὰ\ ὥσπερ\ Ἔρωτι\ ποιοῦσιν$[7]). Ganz in Über-

---

[1]) Preller, Griech. Mythol., 3. Aufl. I, p. 439. Über die Nemesis als strafende Macht und das Totenfest $Νεμέσεια$ wird weiter unten gehandelt werden.

[2]) Plin. 36, 17. Preller a. a. O. I, p. 440.

[3]) S. Preller a. a. O. I, p. 440. Paus. 1, 33, 2. Plin. 36, 17. Es ist übrigens kein Zweifel, dafs nicht Phidias, sondern Agorakritos die Statue geschaffen.

[4]) Vgl. Preller a. a. O. I, p. 440 Anm. Ein $ἱερεὺς\ Οὐρανίας\ Νεμέσεως$ hatte einen Sitz im athenischen Theater.

[5]) Preller a. a. O. p. 439.

[6]) Sie galten als Töchter der Nacht. Preller a. a. O. I, p. 440.

[7]) Preller a. a. O. I, p. 440. Nach Pausanias (1, 33, 7) wäre dies etwas Jüngeres und hätte es keine archaischen Bilder der Nemesis mit Flügeln gegeben. Später aber wurde dieselbe meist geflügelt dargestellt. „Vielleicht — sagt Furtwängler, Sammlung Sabouroff, Excurs zu Taf. LXXI, p. 17 — schlofs man sich auch hier an etwas Altes an; so gut wie Artemis war vielleicht auch Nemesis als beweglicher, in Luft und Licht waltender Dämon in alter Zeit schon hier und da geflügelt gebildet worden." — Dies scheint

einstimmung damit steht es, wenn bei Alkiphron die Nemesis oft von Hetären angerufen wurde [1]).

Einen bemerkenswerten Hinweis auf die ursprüngliche Natur der Nemesis erhalten wir noch durch den Umstand, daſs sie in Rhamnus auch Upis genannt wurde [2]). Dieser Name Οὖπις, wozu als Nebenform auch Ὦπις auftritt, eine schwierige und bisher dunkle Bildung, scheint mir nämlich etymologisch mit Vapus, dem Namen einer indischen Apsaras [3]), zusammen zu fallen. Das οὐ und ὠ der ersten Silbe entspräche dem sanskr. va genau so wie in οὐρανός, ὠρανός gegenüber sanskr. varuṇa. Damit wäre also Nemesis wiederum als eine Apsaras bezeichnet, und gerade dies müſste sie ja sein, wenn sie mit Aphrodite nah verwandt oder gar ursprünglich identisch sein soll. Es sind dies wohl Alles ursprünglich Parallelbildungen, wesensverwandte Gestalten; Aphrodite, Nemesis, Upis — es waren schwesterlich zusammengehörige Apsarasen, von denen gelegentlich eine für die andre eintreten, mit ihr verwechselt werden konnte.

---

mir sehr plausibel; ebenso, daſs nicht eigentlich von einer Übertragung der Flügel des Eros auf Nemesis geredet werden kann, wie Pausanias will (vgl. Furtwängler a. a. O. p. 17 Anm.). Es waren verwandte Dämonen; die Beflügelung hat bei beiden denselben Grund. — Vielleicht lassen sich sogar aus der besten Zeit geflügelte Nemesis-Bildungen nachweisen, die nur bisher nicht richtig gedeutet wären. Die Nemesis in Rhamnus trug nach Pausanias auf dem Kopf eine Krone (στέφανος), zusammengesetzt aus Hirschen und Niken. Nun vermutet Loeschcke — und es scheint mir dies in hohem Grade beachtenswert — daſs die angeblichen Nike-Figuren, welche im Zusammenhang mit Nemesis eine befriedigende Deutung nicht finden, am Ende wohl als geflügelte Νεμέσεις zu fassen sein dürften.

[1]) S. Preller a. a. O. I, p. 440 Anm.

[2]) Οὖπις oder Ὦπις war nach delischer Localsage auch der Name einer hyperboreischen Jungfrau, meistens erscheint dieses Wort aber als Beiname der Artemis und wird von der Fürsorge (ὀπίζεσθαι) für die Schwangern und das weibliche Geschlechtsleben überhaupt verstanden (s. Preller a. a. O. I, p. 248). Die Ableitung von ὀπίζεσθαι dürfte wohl unmöglich sein, schon wegen der ersten Silbe des Wortes. Wie Artemis zu diesem Namen kommt, werde ich in einem diese Göttin betreffenden Aufsatz darlegen.

[3]) Vgl. Holtzmann a. a. O. p. 632. Der Name Vapus bedeutet „schön" (oder „Schönheit").

Bei Nemesis finden wir nun, was wir bei der Schwanenjungfrau Aphrodite noch vermifsten, die Verwandlung der Jungfrau in die Schwanengestalt.

Nemesis war nach altgriechischer Sage, die auch in den Kyprien zum Ausdruck kommt, die Mutter der Helena. Zeus verfolgt die Fliehende, Liebe suchend. Nach einer Reihe von Verwandlungen wird sie Schwan und, in dieser Gestalt von Zeus befruchtet, legt sie ein Ei, aus welchem später die Helena entsteht. Leda, die Gattin des Tyndareos, findet dasselbe und zieht die Helena auf. Später erst verbreitete sich die (spartanische) Fassung der Sage, nach welcher Leda selbst, von Zeus befruchtet, das vielberühmte Ei legte.

Wir finden die betreffende Sage von Nemesis in der sogen. Epitome zu den Katasterismen des Eratosthenes mit Berufung auf den Komiker Kratinos mitgeteilt[1]): Οὗτός ἐστιν ὁ καλούμενος ὄρνις μέγας, ὃν Κύκνῳ εἰκάζουσιν· λέγεται δὲ τὸν Δία ὁμοιωθέντα τῷ ζώῳ Νεμέσεως ἐρασθῆναι, ἐπεὶ αὐτὴ πᾶσαν ἤμειβε μορφήν, ἵνα τὴν παρθενίαν φυλάξῃ, καὶ τότε κύκνος γέγονεν· οὕτω καὶ αὐτὸν ὁμοιωθέντα τῷ ὀρνέῳ καταπτῆναι εἰς Ῥαμνοῦντα τῆς Ἀττικῆς κἀκεῖ τὴν Νέμεσιν φθεῖραι· τὴν δὲ τεκεῖν ᾠόν, ἐξ οὗ ἐκκολαφθῆναι καὶ γενέσθαι τὴν Ἑλένην, ὥς φησι Κρατῖνος ὁ ποιητής. Bei Apollodor (3, 10, 7) finden wir diese Sage neben der von Leda berichtet: λέγουσι δὲ ἔνιοι Νεμέσεως Ἑλένην εἶναι καὶ Διός· ταύτην γὰρ τὴν Διὸς φεύγουσαν συνουσίαν εἰς χῆνα τὴν μορφὴν μεταβαλεῖν, ὁμοιωθέντα δὲ καὶ Δία κύκνῳ συνελθεῖν· τὴν δὲ ᾠὸν ἐκ τῆς συνουσίας ἀποτεκεῖν, τοῦτο δὲ ἐν τοῖς ἕλεσιν εὑρόντα τινὰ ποιμένα Λήδᾳ κομίσαντα δοῦναι, τὴν δὲ καταθεμένην εἰς λάρνακα φυλάσσειν καὶ χρόνῳ καθήκοντι γεννηθεῖσαν Ἑλένην ὡς ἐξ αὐτῆς θυγατέρα τρέφειν[2]).

---

[1]) Ausg. von Robert p. 142.
[2]) Auch Pausanias sagt bei Beschreibung der Rhamnusischen Nemesis-Statue (1, 33, 7) Ἑλένῃ Νέμεσιν μητέρα εἶναι λέγουσι, Λήδαν δὲ μαστὸν ἐπισχεῖν αὐτῇ καὶ θρέψαι. — Eine merkwürdige Parallele zu der mit dem Schwan endigenden Verwandlungsreihe bietet die Geschichte von Janet, Gräfin von March und dem Ritter Tamlane. Dieser ist als Kind von den Elfen geraubt und haust in einem Rosenstock an einer Quelle. Als sie eine Rose pflückt,

In den Kyprien wird es geschildert, wie Nemesis, von Zeus verfolgt, über Land und Meer dahinflieht, im Wasser sich zum Fisch verwandelt und auf dem Festlande in alle möglichen Tiere, um ihm zu entgehen. Der weitere Verlauf der Geschichte fehlt, war aber ohne Zweifel den oben gegebenen Berichten entsprechend: Nemesis wird Schwan, legt das Ei und Leda findet es[1]), wie auch schon die Verse der Sappho erzählen:

---

erscheint der Ritter und verbietet es ihr. Sie liebt ihn und wird Mutter von ihm. Er erzählt ihr seine Geschichte und giebt ihr das Mittel an, ihn zu erlösen. Sie muſs ihn, wenn er im Elfenzug vorüber kommt, von seinem weiſsen Roſs herabziehen, in ihre Arme schlieſsen und nicht loslassen, wie er sich auch verwandeln möge. Er verwandelt sich nach einander in Schlange Molch, Feuer, glühendes Eisen, Aal, Kröte, Taube und zuletzt in einen Schwan. Da bedeckt sie ihn, seiner Weisung gemäſs, mit ihrem Mantel und er wird ein nackter Mensch und ist erlöst. Vgl. Mannhardt, Wald- und Feldkulte II, p. 63, nach W. Scott, Minstrelsy of Scottish borders II, p. 193. Hier ist freilich der Mann das elbische Wesen und mag dies jüngere Umgestaltung sein; die Verwandlungsreihe ist aber doch einigermaſsen analog. Übrigens vgl. auch noch weiter unten.

[1]) Natürlich muſs mit Ahrens 'Ελένην τρέφε für 'Ελένην τέκε gelesen werden. — In fesselnder Auseinandersetzung führt uns R. Kekulé eine Reihe bildlicher Darstellungen vor, in welchen Leda, das Ei der Nemesis findend, erscheint. (Festschrift zur Feier des funfzigjährigen Bestehens des Kais. Deutsch. Instituts für archäol. Correspondenz zu Rom, am 21. April 1879, herausg. von der Universität Bonn: Über ein griechisches Vasengemälde im akademischen Kunstmuseum zu Bonn von Dr. Reinhard Kekulé). — Kekulé a. a. O. und darnach Furtwängler (Sammlung Sabouroff. Excurs zu Taf. LXXI, p. 10) wollen es freilich nicht wahr haben, daſs auch in den Kyprien Nemesis, nachdem sie in den verschiedensten Gestalten dem Zeus getrotzt, ihm endlich „als Gans" erlegen sei; dieser Schluſs wäre allzu trivial. Aber erstens ist die Gans nur Variante des Schwanes, und in dem Schwan vermag ich nichts Triviales zu erblicken; zweitens ist dies gerade durchaus motivirt: Nemesis erliegt, erst nachdem sie alle Verwandlungen durchlaufen, in der Gestalt, die ihre eigene ist, und dies ist die Schwanengestalt, denn sie ist Schwanenjungfrau. Weil sie Schwan ist, legt sie dann das Ei. Es liegt kein Grund vor, diesen Schluſs als Erfindung der Komödie des 5. Jahrhunderts anzusehen (Furtwängler p. 10). Die von Furtwängler a. a. O. besprochenen Terracotta-Darstellungen der Nemesis mit dem Schwan führen uns allerdings offenbar den Mythus in der Auffassung vor, daſs Zeus, da er die Nemesis mit Gewalt nicht haben kann,

φαῖσι δή ποτα Λήδαν ὑακίνθινον
πεπυκαδμένον ὦιον
εὔρην.

Schon die Verwandlungen sind sehr charakteristisch für die alte Wasser-Wolken-Göttin, was ja Nemesis als Apsaras ebenfalls war; vor Allem wichtig ist aber die schliefsliche Schwanengestalt und das gelegte Ei. Wenn nun aber diese schwesterliche Parallelgestalt der Aphrodite in solcher Weise auftritt, wird uns das ursprüngliche Wesen der letzteren als Schwanenjungfrau noch deutlicher und gewisser, und in diesem Zusammenhange verdient auch der Umstand noch bemerkt zu werden, dafs nicht nur der Schwan, sondern auch das Ei Attribute der Aphrodite sind[1]).

Bemerkenswert erscheint noch eine ganze Reihe von Terracotten, welche uns Nemesis mit dem Schwan vorführen. Die Göttin ist bekleidet und nimmt einen (von einem Adler) verfolgten Schwan schützend bei sich auf, — Darstellungen, die man früher gewifs als Leda-Bilder gefafst hätte, die aber Furtwängler überzeugend als Nemesis-Darstellungen erweist[2]). Sie gehören zum gröfsten Teil nicht dem gewöhnlichen späteren Style an, sondern dem älteren aus der zweiten Hälfte des fünften und dem Anfang des vierten Jahrhunderts. An diese Darstellungen schliefsen sich weiter die Statuen der Frau mit dem Schwan, welche früher durchweg als Leda-Statuen angesehen wurden, von denen jedoch die älteren mehr ein Recht haben, Nemesis-Statuen genannt zu werden. Später wurde die vielfach wiederholte schöne Komposition gewifs Leda genannt[3]).

Auch als Schwanreiterin — wie Aphrodite — ist Nemesis vielleicht gebildet worden. Eine attische Terracotte freien Styles,

---

dies durch List zu erreichen sucht und an ihr Mitleid appellirend als verfolgter Schwan zu ihr flüchtet. Dies Motiv hat aber gewifs erst höhere Kunst in die alte einfache Fabel hineingetragen.

[1]) Vgl. Preller a. a. O. II, p. 92 Anm. „Sowohl das Ei als der Schwan sind Attribute der Aphrodite und die Beziehungen der Kyprien zu diesem Dienste zahlreich." [2]) Sammlung Sabouroff, Excurs zu Taf. LXXI, p. 8 f.
[3]) Furtwängler a. a. O. p. 9 f., p. 12.

welche der Schwanreiterin Flügel giebt und ein Füllhorn in die Linke, eine Schale in die Rechte, dürfte nach Furtwängler[1] „doch eher von der Vorstellung der Nemesis, welcher die spätere Kunst Flügel und auch zuweilen das Füllhorn verlieh, als von der Aphrodite" ausgegangen sein.

An die Aphrodite auf dem Schwan erinnern die Darstellungen der von einem Widder über das Meer getragenen Göttin[2]; es sind parallel laufende Bildungen. Entspricht dem nicht auf das Merkwürdigste die Doppelbeziehung der Schwanenjungfrau Urvaçi, einerseits zu dem Wasservogel, andrerseits zu Schaf und Widder. Sie erscheint selbst als Wasservogel (âti) und doch auch als Schaf, insofern sie sich direct die Mutter der beiden jungen Widder nennt und insofern auch ihre Genossinnen mit blökenden Schafen verglichen werden[3]. Das indogermanische Urvolk faſste eben die Wolken bald als Schwäne (Wasservögel), bald als Schafe, und die alte Wolkengöttin, welche ein schönes Weib war, aber doch auch als Schwan oder als Schaf erscheinen konnte, hat sich bei den Griechen umgewandelt in die bald auf dem Schwan, bald auf dem Widder über das Meer dahingetragene Göttin.

Der Bock, auf welchem in griechischen Darstellungen Aphrodite ebenfalls reitend erscheint, ist vielleicht erst durch eine naheliegende Umgestaltung aus dem älteren Widder entstanden[4]. Unter den bezüglichen Darstellungen scheinen mir von besonderem Interesse diejenigen zu sein, in welchen wir Aphrodite auf dem Bock reitend erblicken, gefolgt von zwei Zicklein[5]. Wie kommt

---

[1] A. a. O. p. 13.

[2] Vgl. Kalkmann a. a. O. p. 240; Benndorf, Griech. u. sicil. Vasenbilder p. 81. 412.

[3] Über die ursprüngliche Schafgestalt der Urvaçi-Aphrodite sollen im folgenden Abschnitt noch nähere Erläuterungen gegeben werden.

[4] Bei dieser Umwandlung spielte wohl die Geilheit des Bockes mit.

[5] Vgl. Compte Rendu 1859 pl. IV, 1; Text p. 130: Aphrodite auf dem Bock reitend, Eros fliegt in der Luft, 2 Zicklein laufen nebenher; Furtwängler, Beschreibung der Berliner Vasensammlung, Bd. II, 2635 (attisches Vasenbild um d. J. 400; Aphrodite auf dem Bock, mit zwei Zicklein). Auf diese oder ähnliche Darstellungen geht vielleicht auch zurück:

der Bock zu den Zicklein? ist eine wohlberechtigte Frage. Die Antwort liegt für uns jetzt nicht mehr fern. Die beiden Zicklein sind die Umgestaltung jener beiden jungen Widder, als deren Mutter wir Urvaçî kennen; es sind die beiden Lämmer der ursprünglich in Schafgestalt gedachten Wolkengöttin!

Möglicherweise ist übrigens auch der Bock (resp. die Ziege) als Variante des Widders (resp. Schafes) uralt. Im Indischen wüfste ich dafür zwar nichts anzuführen, aber vielleicht sprechen germanische Elbinnen, die auf Böcken reiten, dafür. „Zwischen Sissach und Thürnen (Canton Baselland) reitet eine weifsgekleidete Jungfrau auf einem Ziegenbocke den Bach entlang mit fliegenden Haaren im Mondschein. Im Hügel bei Zunzgen (Baselland) hält sich eine **goldene Jungfrau mit einem Ziegenbock** auf, auf welchem sie am Weihnachtsmorgen an den Bach reitet, sich wäscht und die Haare strählt"[1]). Mehr noch spricht aber dafür eine merkwürdige Sage aus Wälschtirol von einer Elbin (wildes Weib), die ein Mann von Mazin sich gefangen hatte und die auch einwilligte, sein Weib zu werden, wenn er sie nie Geifs nennen wolle. Sie gebar ihm Kinder, und unter ihren Händen mehrte sich der Wohlstand des Hauses, bis nach fünf Jahren der Gatte sie bei einem Wortwechsel Geifs schalt. Da entstand im Zimmer ein Staubwirbel, in welchem sie verschwand. „Offenbar — fügt Mannhardt, der diese Geschichte bespricht[2]), hinzu — glaubte man, dafs diese Wesen, wenn sie in ihrer wahren Gestalt sichtbar würden, die Gestalt einer Geifs zeigten, oder dafs sie sich zeitweilig in eine solche zu verwandeln vermöchten." — Da hätten wir ein germanisches

---

Bronze-Spiegelkapsel im Louvre, Aphrodite auf dem Bock reitend, rechts und links ein Reh (s. Furtwängler in Roschers Lex. d. Myth. p. 419). — Auch die beiden Rehe, welche sich unten bei der von Furtwängler (Sammlung Sabouroff, Excurs zu Taf. LXXI, p. 17) besprochenen Nemesis-Darstellung befinden (antike Paste in Berlin), sind wohl offenbar den zwei jungen Widdern, den zwei Zicklein, den zwei Rehen der Urvaçî-Aphrodite gleichzusetzen.

[1]) Mannhardt, Wald- und Feldkulte II, p. 176. 177 nach Lenggenhager, Volkssagen aus Baselland p. 70. 86.

[2]) A. a. O. p. 127.

Abbild unsrer elbischen Urvaçî-Aphrodite, die eigentlich Schaf oder Ziege ist!

Urvaçî's Liebe zu dem sterblichen Purûravas können wir nur die Liebesgeschichte der Aphrodite mit dem sterblichen Anchises zur Seite stellen, welche in dem homerischen Hymnus bekanntlich die Hauptrolle spielt. In der Sage des Çatapatha-Brâhmaṇa, wo wohl mehrere Erzählungen zusammengeflossen sind, läfst sich eine zwiefache Begegnung der Liebenden unterscheiden. Einmal findet Purûravas die Geliebte als Wasservogel — das ist der Schwanjungfrauenmythus; dann aber heifst es, und zwar gerade im Eingang der ganzen Geschichte des Brâhmaṇa: die Apsaras Urvaçî liebte den Purûravas, Sohn der Iḍâ; sie suchte ihn auf und sagte, — und es folgt nun die Aufforderung an ihn, sie zu lieben. Dieser im Brâhmaṇa zuerst berichteten Begegnung läfst sich wohl die Begegnung von Aphrodite und Anchises vergleichen. Sie hat ihn im Ida-Gebirg seine Heerde weiden sehen und ist in Liebe zu ihm entbrannt. In Gestalt eines sterblichen Weibes sucht sie ihn auf und verlockt ihn zur liebenden Vereinigung. Nachdem er sie in ihrer wahren Gestalt, als Göttin, gesehen, entschwindet sie ihm; — er darf nicht sagen, dafs er sie geliebt. Sie gebiert ihm einen Sohn, Aeneas, der von Nymphen erzogen, später aber zum Vater zurückgebracht wird, — wie Urvaçî dem Purûravas einen Sohn gebiert, der dem Vater erst später aus der Wolken-Wasser-Welt zurückgegeben wird[1]).

Dies sind freilich nur ziemlich allgemeine Umrisse, in denen sich die beiden Geschichten vergleichen lassen, aber eine speciellere Übereinstimmung giebt uns einen deutlichen Wink, dafs wir auch

---

[1]) Im h. Hom. 3 teilt Aphrodite dem Anchises gleich nach ihrer Vereinigung mit, sie werde einen Sohn gebären und diesen würden die Nymphen, die Genossinnen der Silene, erziehen; dann fährt sie fort:

τὸν μὲν ἐπὴν δὴ πρῶτον ἕλῃ πολυήρατος ἥβη,
ἄξουσίν τοι δεῦρο θεαί, δείξουσί τε παῖδα ...
σοὶ δ'ἐγώ, ὄφρα κε ταῦτα μετὰ φρεσὶ πάντα διέλθω,
ἐς πέμπτον ἔτος αὖτις ἐλεύσομαι υἱὸν ἄγουσα etc. (v. 275—278).

Man erinnere sich des Versprechens der Urvaçî: Was dein ist bei uns, das will ich dir senden! (d. h. den Sohn).

hier uns noch auf richtiger Fährte befinden. Purûravas ist Sohn der Iḍâ, eines nicht näher festzustellenden mythischen Wesens, welches später als Göttin der von Spenden begleiteten Andachtsergiefsung gefafst wird¹); Anchises aber ist der Hirt vom Ida-Gebirge,

ὅς τότ' ἐν ἀκροπόλοις ὄρεσιν πολυπιδάκου Ἴδης
βουκολέεσκεν βοῦς, δέμας ἀθανάτοισιν ἐοικώς²).

Dort stammt er her, dort haust er, und die Göttin mufs dorthin, um seine Liebe zu gewinnen:

Ἴδην δ' ἵκανεν πολυπίδακα, μητέρα θηρῶν³).

Das Ida-Gebirge ist gewifs ursprünglich ein mythischer Begriff, später an verschiedenen Punkten lokalisirt, — und der irdische Spröfsling der Iḍâ berührt sich so merkwürdig mit dem vom Ida-Gebirge stammenden Anchises, dafs ich an der ursprünglichen Identität beider Gestalten schwer zweifeln kann.

Zur Gewifsheit wird mir diese Zusammenstellung durch den Umstand, dafs in einem Verse des Ṛigveda (5, 41, 19) jene mythische Iḍâ neben Urvaçî genannt und als **Mutter der Heerde** (yûthásya mâtấ) bezeichnet wird, wie der homerische Hymnus das Gebirge, die Ἴδη, μητέρα θηρῶν, die Mutter der Tiere, nennt⁴). Vielleicht gelingt es in Zukunft, die mythische Iḍâ der Inder und das gewifs ursprünglich auch mythische Ida-Gebirge

---

¹) iḍâ ist im Ṛigveda auch appellativ gebraucht und bedeutet Labetrunk, Labung, Erquickung, Ergiefsung des Labetrunkes. Vielleicht verhilft uns diese Bedeutung zur Aufhellung des ursprünglichen Wesens der Göttin Iḍâ, deren Auffassung als „Andachtsergiefsung" zweifellos jünger ist, während andere Verse uns dunkle Hinweise auf einen näheren Zusammenhang mit Urvaçî u. a. m. bieten. Ich möchte vermuten, dafs Iḍâ ursprünglich die „labende", Labetrunk spendende Wolke war; der Wolkenberg, das Wolkengebirge oder Wolkenland Iḍâ mag schon in der indogermanischen Vorzeit etwas bedeutet haben.

²) h. Hom. 3, 54. 55.   ³) h. Hom. 3, 68.

⁴) Eine gewisse, doch wohl kaum eine unüberwindliche Schwierigkeit für die Zusammenstellung von Iḍâ und Ἴδη liegt in dem Umstand, dafs das i des griechischen Namens lang, das des sanskritischen dagegen kurz ist. Die Wurzel erscheint im Griechischen gedehnt, im Sanskrit nicht, etwa wie im Lateinischen lux, lucis gegenüber sanskr. ruc der Glanz u. a. m.

der Griechen in ihrem ursprünglichen Wesen und Zusammenhang deutlicher festzustellen, — für jetzt muſs ich es bei diesen, auf jeden Fall doch bemerkenswerten Hinweisen bewenden lassen[1]).

Eros-Rati-Urvaçî-Lohengrin.

Unter den parallelen Zügen, welche wir an Aphrodite im Vergleich mit Urvaçî entdeckt haben, fehlte einer der wichtigsten: Der Bruch einer bestimmten Abmachung von Seiten des Sterblichen, infolge dessen die Göttin verschwinden muſs. Dieser unzweifelhaft alte, in vielen germanischen Elben-Erzählungen ebenfalls erscheinende Zug der Sage hat sich bei den Griechen auf den **Sohn der Aphrodite**, auf **Eros** in seiner Beziehung zur Psyche übertragen. Die bekannte Fabel, wie sie uns von **Apulejus** erzählt wird, beruht ohne Zweifel auf einer alten und echten Volkssage, die ihrem Grundtypus nach in die indogermanische Urzeit zurückreicht.

Der Name des Eros, Ἔρως, Gen. Ἔρωτος, ist aller Wahrscheinlichkeit nach mit dem sanskritischen Worte rati zusammen zu stellen, wenn die Übereinstimmung auch keine ganz genaue und vollständige ist[2]); rati bedeutet „Behagen, Liebe, Liebesgenuſs, Wollust" und erscheint auch als Name einer der Apsarasen im Mahâbhârata[3]). Eros ist offenbar im Grunde nichts

---

[1]) Stünde die Lautverschiebung nicht hindernd im Wege, so läge es sehr nah, dies mythische Idâ-Gebirge oder Idâ-Land zusammen zu bringen mit dem Ida-Felde, auf welchem nach der Edda, Völuspa 7, im Anfang der Welt die Asen sich Haus und Heim gründeten, wo sie Essen bauten und Erz schmiedeten, wo sie nach der groſsen Schlacht wieder zusammen kamen Völuspa 58 (â Iđavelli),
> Über den Weltumspanner, den groſsen, zu sprechen;
> Uralter Sprüche sind sie da eingedenk,
> Von Fimbultyr gefundner Runen (Simrocks Übers. Völ. 59).

Vgl. über das Ida-Feld auch die jüngere Edda, Gylfaginning 14. — Ich muſs es den Germanisten überlassen, zu entscheiden, ob die unleugbar vorliegende lautliche Schwierigkeit sich irgendwie wegschaffen lieſse; sachlich läge die schönste Harmonie vor. Das Ida-Feld wäre das Wolkenland.

[2]) Vgl. Curtius, Grundzüge d. griech. Etymol. 4. Aufl. p. 326.

[3]) Mhbh. 13, 1425. Rati gilt als Gemahlin des indischen Liebesgottes Kâma!

Anderes als eine ins Männliche umgesetzte oder umgewandelte Apsaras, eine männliche Rati, — und ich erinnere dabei an die Νεμέσεις, jene weiblichen geflügelten Eroten in Smyrna[1]), welche man als noch weiblich gebliebene griechische Ratis bezeichnen könnte.

Die vermutete Umsetzung der schönen Apsaras oder Elbin in ein männliches Wesen, mit ebensolcher Schönheit und Wunderbarkeit ausgestattet, findet schlagende Analogieen auch bei andern indogermanischen Völkern. Wir erinnern an die oben erwähnte Geschichte vom Ritter Tamlane und der Gräfin Janet von March. Weit wichtiger noch aber ist die berühmte Sage von Lohengrin, dem Schwanenritter, der durchaus das männliche Gegenstück zur Schwanenjungfrau, der Elbin mit dem Schwane, darstellt. Fernher aus der Region des Wunderbaren kommt der herrlich schöne Ritter mit dem Schwan gezogen, ein irdisches, sterbliches Weib rettend und beglückend, seine Liebe, seinen Schutz ihr schenkend, nur mit einer Bedingung — sie darf nicht forschen und fragen, wer er sei:

> Nie sollst du mich befragen,
> Noch Wissens Sorge tragen,
> Woher ich kam der Fahrt,
> Noch wie mein Nam' und Art!

Und als das Weib diesem Worte zuwider handelnd ihr Versprechen bricht, da naht der wunderbare Schwan, da zieht der Ritter trauernd fort ins unbekannte Wunderland.

Die Übereinstimmung der Eros-Psyche-Sage mit dem bezüglichen Teil des Urvaçî-Mythus liegt dem Hauptinhalte nach auf der Hand. Im Einzelnen aber ergeben sich Verschiedenheiten. In der indischen Sage darf Purûravas, der Mensch, nicht nackt von Urvaçî gesehen werden, was weiter durch die weibliche Schamhaftigkeit begründet wird. In dem griechischen Märchen ist es dagegen das göttliche oder dämonische Wesen, Eros, welches nicht von dem sterblichen Auge der Psyche erblickt

---

[1]) Vgl. Preller a. a. O. I, p. 440; s. oben p. 43.

werden darf. Ich halte es für unzweifelhaft, dafs in diesem Punkte die griechische Version das Ältere bietet. Nur dies erscheint wirklich gut und tief begründet, und auch in den entsprechenden germanischen, resp. romanischen Sagen ist es die Frau, die Elbin, welche nicht nackt gesehen werden darf, wie schon Kuhn hervorgehoben hat[1]).

Der Grund ist klar. Das göttliche, dämonische oder elbische Wesen in der alten Sage des indogermanischen Urvolkes durfte offenbar deshalb nicht gesehen werden, weil es eigentlich nicht menschliche, sondern halb oder ganz tierische Gestalt hatte. Diese Entdeckung mufs in der bekannten Melusinen-Sage der lauschende Ritter an seinem sonst so schönen Weibe machen. Dieser Gedanke liegt auch den andern hergehörigen Sagen zu Grunde, wenn er auch vielfach umgestaltet und verwischt erscheint. Dafs Eros eigentlich nicht-menschliche Gestalt hat, tritt noch deutlich darin hervor, dafs das Orakel den künftigen Gatten der Psyche als ein Ungeheuer, ein schlangenartiges Ungetüm bezeichnet[2]), und dafs eben dieser Umstand in der Psyche das unbezähmbare Verlangen erweckt, sich von der wahren Gestalt ihres Geliebten zu überzeugen. In der indischen Sage aber scheint mir gerade die obige Annahme zur Aufhellung eines der dunkelsten Züge zu führen, nämlich des Mutterschafes mit den beiden jungen Widdern, welches an der Schlafstelle der Urvaçî angebunden war, wie das Çatapatha-Brâhmaṇa erzählt. Auch in der indischen Sage war es offenbar ursprünglich Urvaçî, welche nicht gesehen werden durfte, und zwar weil sie eigentlich nicht menschliche Gestalt, vielmehr die eines Schafes (resp.

---

[1]) Vgl. Ad. Kuhn a. a. O. p. 82. Diese germanisch-romanischen Sagen erscheinen dem Griechischen gegenüber wiederum darin altertümlicher, dafs in ihnen wie in der indischen Sage das elbische Wesen eine Frau (ursprünglich eine Wolkenfrau, eine Apsaras) ist, während im Griechischen die oben erwähnte Umwandlung in einen männlichen Dämon eingetreten ist.

[2]) saevum atque ferum vipereumque malum Apul. Metam. IV, 33. In Bezug auf die hier angedeutete Schlangengestalt des elbischen Wesens stimmt dazu die Melusinensage gerade in ihrer ältesten Fassung. Vgl. oben p. 34 Anm. 2.

auch eines Wasservogels) hatte[1]). Darum gebiert sie Widder. Aber das durfte Purûravas nicht wissen; nachdem er es entdeckt, ist die Trennung unvermeidlich. Sie lebte unter den Sterblichen in fremder, verwandelter Gestalt (virûpâ), sagt Urvaçî selbst von sich in dem Liede des Ṛigveda (10, 95, 16). —

Es muſs ein mächtiger Reiz gewesen sein, der jenen alten, vielfach variirten Sagen innewohnte, von einem Wesen wunderbarer Art, das in die irdische Region hinabgestiegen mit einem Menschenkinde in liebender Vereinigung lebt, bis dieses selbst durch Vorwitz oder Unverstand das Geheimniss der übermenschlichen Natur erfährt und mit solcher Erkenntniss das wunderbare Glück verlieren muſs. Dieser Reiz, der unsre Vorfahren nicht müde werden lieſs, in immer neuer Form das alte seltsame Märlein zu erzählen, wir können ihn verstehen, er faſst uns noch heute mit all seiner alten Gewalt in Lohengrin, dem wunderbaren Ritter mit dem Schwan, dessen Gestalt der groſse Schöpfer des musikalischen Dramas unserer Zeit in eine neue Sphäre herrlicher Schönheit emporzuheben verstanden hat. Das Elbenland ist hier, dem mittelalterlichen Stoff gemäſs, zum heiligen Gralstempel geworden, aber der Zauber des Wunderbaren, Fernen, Dunklen, Ahnungsreichen, er ist dem Ursprungslande des elbischen Wesens auch in dieser seiner christlich-mittelalterlichen Umgestaltung ganz und voll verblieben und packt die Herzen, wenn der Ritter „Nam' und Art" gezwungen kündend den Sang beginnt:

In fernem Land, unnahbar euren Schritten,
Liegt eine Burg, die Monsalvat genannt u. s. w.

Der Schwan aber, der alsbald nach solcher Verkündigung wieder erscheint, der freund-liebe Genosse des Ritters, der ihn im Schifflein auf den Wogen des Rheins nach Brabant geführt, — es ist der Schwan der alten Schwanenjungfrau, der Urvaçî-Aphrodite, der echten und rechten Mutter des Eros.

---

[1]) Es läſst sich vermuten, daſs in der alten Sage Urvaçî die Schafhülle ablegt, wie die Schwanenjungfrau das Schwanengewand, und daſs eben diese Schafhülle sich in dem „an der Schlafstelle angebundenen Schaf" erhalten hat oder wiederspiegelt.

Die Schwanenjungfrau als Valkyre. Erklärung der bewaffneten Aphrodite und der Bezeichnung als μοῖρα. Freya, die altgermanische Aphrodite, die Wolkengöttin und Valkyre.

Neue Belehrung kommt von germanischer Seite.

Die Wolkenfrauen der altgermanischen Sage und Mythologie sind die Walküren[1], im Altnordischen Valkyrjur, Valmeyjar oder auch Oskmeyjar, die Wunschmädchen des Odin, genannt. Sie erscheinen gerüstet und bewehrt. In Odins Auftrag lenken sie die Schlachten, zeichnen mit der Waffe Diejenigen, welche fallen sollen, und geleiten die gefallenen Helden nach Walhall, der Halle der Auserwählten[2]. Sie ziehen „durch Luft und Wasser"[3], sie erscheinen als Schwanjungfrauen, die das Schwanengewand ablegen, um als schöne Mädchen im See zu baden, und die, von sterblichen Männern überrascht und bewältigt, ihnen ihre Liebe schenken, mit ihnen vermählt leben, bis ein Zufall oder ein Fehler des Mannes sie wieder in Besitz des Vogelkleides gelangen läfst, mit welchem sie dann dorthin entfliehen, woher sie gekommen, auf Nimmerwiedersehen, — ähnlich der indischen Urvaçi[4]. Sie sind aber andrerseits von den Nornen, den Schicksalsfrauen, schwer zu trennen, wie schon Jakob Grimm in seiner deutschen Mythologie hervorgehoben hat[5]. Sie lenken nicht nur auf Odins Befehl das Schlachtenschicksal, sie erscheinen selbst spinnend und webend, und was sie weben und spinnen, ist das Schicksal der Menschen.

Spinnend sitzen die drei Schwanjungfrau-Valkyren in der Völundarkvidha am Gestade des Sees, da werden sie von den

---

[1] Vgl. Weinhold, Deutsche Frauen. 2. Aufl. Bd. I, p. 39.
[2] Weinhold a. a. O. p. 39.
[3] „ríđa lopt ok lög"; vgl. Grimm, Deutsche Mythol. 1. Aufl. p. 240; 4. Aufl. p. 354. Man erinnere sich daran, dafs es von Aphrodite hiefs: „Sie wallt durch den Äther und in den Meereswogen", Euripides Hippolyt 447; oben p. 14.
[4] Vgl. Grimm a. a. O. 1. Aufl. p. 240 f.; 4. Aufl. Bd. I, p. 354 f. Weinhold a. a. O. p. 40.
[5] Vgl. Grimm a. a. O. 1. Aufl. p. 237. 239 f. 4. Aufl. Bd. I, p. 353 f

Brüdern Egill, Slagfiðr und Völundr überrascht. Hervör, die dem Völundr zu Teil wird, trägt den Beinamen alvitr, die allwissende, ein Name, von dem schon Grimm sagte, daſs er „sich mehr für eine Norn als für eine Valkyrja schickt"[1]); und sie entflieht ihm später „orlög drýgja", d. h. „um Schicksal zu treiben"[2]). In der Nialssaga cap. 158 sieht Dörrudr vor der Schlacht durch einen Felsenspalt 12 Frauen ein furchtbares Gewebe weben: Menschendärme waren Schuſs und Einschlag, Pfeile bildeten den Kamm, Schwerter das Blatt, Menschenköpfe hingen als Gewichte am Webebaum. Dazu sangen sie schaurige, düstre Weisen, in welchen sie sich selbst als Valkyren bezeichneten; das Gewebe aber bestimmte den Lauf der Schlacht. Zum Schluſs zerreiſsen sie ihre Arbeit, steigen zu Pferde und reiten fort, sechs nach Süden, sechs nach Norden[3]).

Daſs die Wolkenfrauen, die als Schwanjungfrauen erscheinenden schönen Valkyren mit den Apsaras und also auch mit Aphrodite ursprünglich zusammenfallen, kann keinem Zweifel unterliegen; aber es treten Züge bedeutsam an ihnen hervor, von denen wir bei den indischen Apsaras wenig oder nichts gewahren: die Bewaffnung und die Beziehung zu Schicksal und Tod. Gerade diese Züge aber, die bei den germanischen Wolkenfrauen eine so hervortretende Rolle spielen, bieten uns für die Gestalt der griechischen Göttin erwünschteste, ja überrraschende Aufklärung. Wir verstehen es mit einem Male, warum Aphrodite auch bewaffnet erscheint, warum sie an verschiedenen Orten als bewaffnete Göttin verehrt wurde. Wir verstehen, warum sie eine Moira genannt wird und mit dem Tode in Beziehung steht.

Die bewaffnete Aphrodite ($\mathit{Ἀφροδίτη\ ἐνόπλιος}$), mit Helm, Speer und Bogen, wurde in Mykenae[4]), Kypros, Kythera, Sparta,

---

[1]) Grimm a. a. O. 1. Aufl. p. 239. 4. Aufl. I, p. 353.
[2]) Völundarkvidha 3; Grimm a. a. O. 1. Aufl. p. 239. 4. Aufl. I, p. 353.
[3]) S. Grimm a. a. O. 1. Aufl. p. 239. 240. 4. Aufl. I, p. 353. Weinhold a. a. O. p. 39. 40.
[4]) Die älteste Darstellung findet sich auf dem groſsen mykenischen Goldring, Schliemann, Mykenae p. 402. Für die Deutung auf Aphrodite vgl. Furtwängler und Loeschcke, Mykenische Vasen p. 79.

Korinth und an andern Orten verehrt, wo sich entsprechende bildliche Darstellungen vorfanden¹). Dafs sie auch als Schicksalsgöttin, als Norne erschien, bezeugt vor Allem die von Pausanias erwähnte merkwürdige Inschrift in Athen, auf welcher Aphrodite „die älteste der Moiren" genannt wird²). Ein gemeinsamer Kult der bewaffneten Aphrodite und der Moiren ist uns durch eine spartanische Inschrift bezeugt (C. I. Gr. n. 1444: *Μοιρῶν Λαχέσων καὶ Ἀφροδείτης ἐνοπλίου*). Es ist wohl zu beachten, dafs gerade die bewaffnete Aphrodite in Verbindung mit den Moiren erscheint, denn eben diese entspricht der germanischen Valkyre. Von demselben Punkte aus erklärt es sich auch, warum Aphrodite in bildlichen Darstellungen als Spinnerin erscheint³); sie spinnt, weil sie ursprünglich die Moira, die spinnende Valkyren-Norne ist. Auch dafs an manchen Orten in ihrem Dienste geweissagt wurde, mag ebendahin gehören⁴).

Die Beziehung der Aphrodite zum Totenreiche tritt namentlich zu Delphi hervor, wo es ein Bild der Aphrodite *ἐπιτυμβία* gab⁵). Sie erscheint als Todesgöttin, die auf Gräbern und wie eine zweite Persephone verehrt wurde⁶). Engel nennt Aphrodite geradezu eine *ψυχοπομπός*, welche zwar nicht in die Unter-

---

¹) Vgl. Roschers Lex. d. Mythol. p. 403. 404. 408. Preller a. a. O. I, p. 279. Das Bildniss der Aphrodite in dem alten Heiligtum zu Kythera war ein bewaffnetes; desgleichen in Sparta und Korinth; Preller a. a. O.
²) Paus. 1, 19, 2. Vgl. Preller a. a. O. I, p. 279.
³) Vgl. Furtwängler, Sammlung Sabouroff, Text zu Taf. 82. Die daselbst besprochene Aphrodite mit Eros hat nach F. in der rechten Hand einen Spinnrocken mit dichtem Wolleknäuel. Andere Darstellungen zeigen die Aphrodite sicher spinnend (vgl. Vase des 4. Jahrh. im Compte rendu de la comm. arch. à St. Pétersb. 1863 pl. 1, p. 15 f.; Bronzestatuette aus Ostia, Monum. d. Inst. IX, 8). Vielleicht stellte auch eine berühmte Statue des Praxiteles, die sog. Katagusa, die Aphrodite spinnend dar (vgl. Loeschcke, Arch. Zeitg. 1880, p. 102). Man vgl. ferner Furtwängler in Roschers Lex. d. Myth. p. 415; Bernouilli, Aphrod. p. 178.
⁴) Vgl. Preller a. a. O. I, p. 279.
⁵) Vgl. Roscher, Lex. d. Myth. p. 402. Dazu stellt Preller a. a. O. I, p. 288 Anm. auch die Aphrodite *τυμβώρυχος* in Argos und Lakonien, was freilich von Welcker, Gött. 2, 715 bestritten wird.
⁶) Preller a. a. O. I, p. 288.

welt, wohl aber ins Elysium und in den Olymp geleitet, und zwar vor Allem gern Liebende und Jünglinge in das Elysium[1]), — worin sie also wiederum der nordischen Valkyre nicht unähnlich erscheint.

Hierher gehört offenbar auch die ernste und dunkle Seite der Nemesis, welche wir bereits als eine Parallelbildung der Aphrodite kennen. Nemesis war nicht nur Liebesgöttin und Schwanenjungfrau, sondern sie erscheint auch als eine ernste, strafende, Macht, und diese Seite von ihr wurde bei ethisch gestimmten Schriftstellern und Dichtern wie Herodot, Pindar und andern mehr und mehr in den Vordergrund gedrängt, so daſs sich dieselbe für uns gegenwärtig unmittelbar mit dem Worte Nemesis verbindet. Ich glaube nicht zu irren, wenn ich hier in der Nemesis ihr ursprüngliches Wesen als Moira erkenne. Ja, sie tritt geradezu als **Todesgöttin** deutlich hervor, und ihr zu Ehren feierte man in Athen ein **Totenfest** unter dem Namen $N\varepsilon\mu\acute{\varepsilon}\sigma\varepsilon\iota\alpha$ [2]).

Sehr interessant in dieser Beziehung ist endlich auch der Umstand, daſs die von **Furtwängler** besprochenen, oben bereits erwähnten Terracotta-Bilder der **Nemesis mit dem Schwan** sich gerade in **Gräbern** (und zwar in solchen Attikas und Ost-Böotiens) gefunden haben. Die grofse Rhamnusische Göttin fungirt hier, wie Furtwängler mit Recht hervorhebt, als **Todesgöttin**. Sie erscheint deutlich mit jener Doppelheit ihres Wesens, die sich bei den altgermanischen Wolkengöttinnen findet und die wir auch an Aphrodite nachgewiesen haben: als **Schwanjungfrau** und **Valkyre** zugleich, — und so wird auch ihre Übereinstimmung mit Aphrodite nur um so vollständiger und unsere Auffassung von dem Wesen der schönen olympischen Göttin durch die Schwestergestalt der Nemesis nur um so deutlicher, nur um so mehr gesichert.

Bei den indischen Apsaras ist, so viel ich weiſs, jede Spur einer ursprünglichen Bewaffnung verschwunden. Fast will es

---

[1] S. Engel, Kypros II, p. 251. 252. Enmann a. a. O. p. 76.
[2] Vgl. Preller a. a. O. I, p. 438. 439.

scheinen, als habe das Klima des Gangeslandes die alten Wolkenfrauen dazu bewogen, dieser beschwerlichen Umkleidung ganz zu entsagen. Hier mochten sie nur noch die leichten, luftigen, glänzenden Wolkengewänder tragen, nicht mehr die schimmernde Brünne der nordischen Göttinnen. Während bei den Germanen die ernste und kriegerische Seite der alten Wolkenfrauen stark in den Vordergrund trat, ohne daſs man darum vergaſs, daſs sie bezaubernd schöne Mädchen und Schwanjungfrauen waren, ist bei den Indern die kriegerische Seite ganz vergessen, sind die Apsaras mehr und mehr nur die bestrickend schönen himmlischen Weiber geworden. Doch aber scheint sich auch bei ihnen noch etwas von dem alten Valkyren-Charakter darin erhalten zu haben, daſs sie die tapfern gefallenen Helden im Himmel begrüſsen und mit ihrer Liebe beglücken. „Dem Helden, welcher in der Schlacht gefallen ist — sagt Indra im Mahâbhârata — laufen Tausende der schönsten Apsaras entgegen und rufen: sei du mein Gatte![1])"

Die griechische Göttin ist in erster Linie das schöne, durch Liebe beglückende Weib geworden, aber mehr als die indischen Apsaras hat sie von der ernsten Seite der alten Wolkenfrauen behalten: sie erscheint noch bewaffnet, sie ist noch Norne und Todesgöttin. So hält sie, dem harmonischen Geiste der Griechen entsprechend, die Mitte zwischen den Apsaras und den Valkyren des germanischen Himmels.

Die altgermanische Mythologie bietet aber noch zu weiterer Belehrung eine merkwürdige Parallele für den von uns dargelegten Ursprung der Aphrodite. Auch Freya, die liebliche, schöne, freigebige, Fruchtbarkeit schaffende, die Liebesgöttin der alten Germanen, ist offenbar ursprünglich eine jener alten Wolkengöttinnen gewesen. Ich finde den letzteren Gedanken bereits von Andern, wie Karl Weinhold, klar ausgesprochen, ohne daſs in dieser Beziehung an eine Parallele mit Aphrodite gedacht wird.

---

[1]) Mhbh. 12, 3655 = 12, 89, 46; Holtzmann a. a. O. p. 642.

Freya heifst **Mardöll**, und dieser Name läfst — wie **Weinhold** bemerkt — „auf die Abkunft von dem Seegott schliefsen, wenn er sich nicht aus dem Wolkenmeere erklärt"[1]). Diese letztere Auffassung gewinnt durch andere Züge den höchsten Grad von Wahrscheinlichkeit. Das **Falkengewand** der Freya bezeichnet sie als Luft- oder Wolkengöttin, wie Weinhold richtig hervorhebt[2]). Ihr schönes Brustgeschmeide **Brisingamen** wird auf Sonne oder Mond gedeutet. Freya heifst **Gefn**, die freigebige, wie Aphrodite, weil die Wolkenwasser die Fruchtbarkeit der Erde bewirken[3]). Es fehlt der nordischen Göttin aber auch die andre, die dunkle Seite nicht, — sie ist **Totengöttin** und **Valkyre**[4]). In ihrem Saale Folkwang versammelt sie die Seelen verstorbener Frauen[5]). Wie eine **Valkyre** reitet sie zu den Schlachten aus[6]) und teilt sich mit Odin in die Gefallenen[7]). In der **Edda** (Grimnismal 14) heifst es von dem Saale Folkwang:

Da hat Freya Gewalt,
Die Sitze zu ordnen im Saal;
Der Wahlstatt Hälfte wählt sie täglich;
Odin hat die andere Hälfte[8]).

Sie fährt auch zur Schlacht auf einem Wagen, kriegerisch gedacht[9]). Sie wird genannt „eigandi valfalls" d. h. quae sortitur caesos in pugna (Sn. 119); und weil sie Valkyre ist, heifst sie **Valfreyja** (in der Nialssaga p. 118)[10]). Sie erscheint „als Führerin der Luft- und Totengeister und der Wolkenfrauen, die in den Valkyren ihre schönste Gestaltung fanden[11])".

---

[1]) Vgl. Weinhold, Deutsche Frauen I, p. 38.
[2]) Weinhold a. a. O. p. 38.   [3]) Weinhold a. a. O. p. 38.
[4]) Weinhold a. a. O. p. 38. 39. Grimm, Deutsche Myth. 1. Aufl. p. 193. 194. 4. Aufl. p. 253.
[5]) Grimm a. a. O. 1. Aufl. p. 194. 4. Aufl. p. 253. Weinhold a. a. O. p. 39.
[6]) Weinhold a. a. O. p. 39.
[7]) Grimm a. a. O. 1. Aufl. p. 95: 194. 4. Aufl. p. 111. 253. Weinhold a. a. O. p. 39. Grimnismal 14. Gylfaginning c. 24.
[8]) Simrocks Übersetzung p. 16.
[9]) Vgl. Grimm a. a. O. 1. Aufl. p. 193. 4. Aufl. p. 253. Ihr Wagen soll mit zwei Katzen bespannt sein.
[10]) S. Grimm a. a. O. 1. Aufl. p. 194. 4. Aufl. p. 253.
[11]) Weinhold a. a. O. p. 39.

Dafs Freya als die strahlend schöne Göttin der Liebe ihrem innersten Wesen nach der Venus-Aphrodite entspricht, ist lange erkannt und läfst sich auch gar nicht verkennen. Uns aber mufs es vom höchsten Interesse sein, dafs eben diese Göttin in elementarischer Beziehung offenbar gerade dahin gehört, wo wir den Ursprung der Aphrodite entdeckt haben, — in die Wolkenregion, unter die Wolkengöttinnen. Die Übereinstimmung erscheint mir eine frappante. Freya ist nicht nur 1) Göttin der Liebe, sondern 2) aus dem Meere, d. h. eigentlich dem Wolkenmeere, stammend; 3) durch ihr Falkengewand als ursprüngliche Schwanjungfrau bezeichnet; 4) als Wolkengöttin Fruchtbarkeit schaffend; 5) Totengöttin und Valkyre und als solche kriegerisch gedacht, — und in allen diesen Punkten berührt sie sich so deutlich mit Aphrodite, gerade in der Auffassung, welche wir von dieser Göttin gewonnen haben, dafs wir an der Übereinstimmung Beider hinsichtlich ihres Wesens wie ihrer Herkunft nicht wohl zweifeln können und für die Richtigkeit unserer obigen Darlegungen unerwartet von ganz anderer Seite her eine neue und wichtige Stütze gewinnen.

Die Apsaras und die griechischen Nereiden und Nymphen.

Wir haben erkannt, dafs Aphrodite ursprünglich zu einer Gruppe weiblicher Wesen gehört, welche bei den Indern unter dem Namen Apsaras, bei den Germanen als Valkyren und Elbinnen auftreten, himmlische Nymphen, deren Grundwesen sich durch den Namen der Wolkenfrauen oder Wolkenwasserfrauen kennzeichen läfst. Aus der Schaar dieser schöngestalteten, göttlichen oder halbgöttlichen Weiber sind frühe schon einzelne besonders hervorgehoben und mit Auszeichnung behandelt; so bei den Indern Urvaçî[1]), bei den Germanen Freya, bei den Griechen Aphrodite, welche letztere durch den genialen Geist des grie-

---

[1]) Aufser Urvaçî treten unter den Apsaras allenfalls noch Menakâ, Sahajanyâ, Pûrvacitti, Viçvâcî und Ghṛtâcî mehr hervor; von den meisten kennen wir fast nur die Namen, keine individuellen Züge; vgl. Holtzmann a. a. O. p. 633.

chischen Volkes immer höher, schöner und reicher entwickelt, schliefslich als eine der vollendetsten, fesselndsten Göttergestalten hoch über dem Kreise ihrer alten Genossinnen erhaben dasteht. Jene Schaar göttlicher oder halbgöttlicher Weiber, zu denen Aphrodite ursprünglich gehört, sie ist auch den Griechen nicht verloren gegangen. Wir kennen sie hier als Nereiden und Nymphen, welche das Meer und die feuchten Gründe, Quellen, Flüsse und Seen, Berge und Wälder bevölkern. Aus der Wolkenhöhe sind sie — gleich der Aphrodite selbst — zu den irdischen Wassern hinabgestiegen und haben sich dann weiter auch über das Land hin verbreitet.

In erster Linie sind es die Nereiden, die Töchter des Nereus, die Wasserfrauen[1], oder Meerfrauen, welche den indischen Apsaras entsprechen. Dafs Aphrodite diesen halbgöttlichen Bewohnerinnen des Meeres nahe verwandt ist, läfst sich schon vom Standpunkte der speciell griechischen Mythologie deutlich erkennen[2]), und wenn die reizende Göttin der Liebe — nach einer geläufigen und verbreiteten griechischen Vorstellung — von Nereiden umgeben über das Meer dahinfährt[3]), so erscheint sie da in dem Kreise ihrer alten Genossinnen und Schwestern, denen sie ihrer Herkunft und ihrem Wesen nach ursprünglich angehört. Bei dem Inseln und Küsten bewohnenden Volke der Griechen erfreuten sich diese schönen Wasserweiber einer grofsen Beliebtheit[4]), wenn auch nur wenige von ihnen als Personen schärfer charakterisirt hervortreten[5]), gerade wie dies auch bei den Apsaras der Fall war, und wie es auch von den germa-

---

[1]) $N\eta\varrho\eta\acute{\iota}\varsigma$ ist abgeleitet von $N\eta\varrho\epsilon\acute{\upsilon}\varsigma$ und dieses hängt etymologisch mit $\nu\alpha\varrho\acute{o}\varsigma$ fliefsend, $\nu\tilde{\alpha}\mu\alpha$ Flüssigkeit, Quell, neugriechisch $\nu\epsilon\varrho\acute{o}$ Wasser zusammen (cf. Curtius, Griech. Etymol. 4. Aufl. p. 319; E. H. Meyer a. a. O. p. 185). Die Nereiden sind also die Wasserfrauen, Wasserjungfern.

[2]) Vgl. Preller a. a. O. I, p. 457.

[3]) S. Preller a. a. O. I, p. 457.   [4]) Preller a. a. O. I, p. 454 f.

[5]) Vgl. Preller a. a. O. I, p. 456; Amphitrite, Thetis, Galateia, Panope gehören zu diesen mehr hervortretenden Nereiden; von den meisten kennen wir — wie bei den Apsaras — wenig mehr als die Namen, welche aber allerdings schon an sich in recht interessanter Weise das Wesen jener Wasserweiber kennzeichnen; vgl. Preller a. a. O. I, p. 455. 456.

nischen Elbinnen gilt. Sie bewegen sich im Meere, sie sitzen am Strande oder an den Ufern der Ströme, sie freuen sich an Gesang und Tanz, sie musiciren und ergötzen sich mit den ihnen gesellten männlichen Tritonen wie die Apsaras mit den Gandharven, und ihre Schönheit verlockt gar manchen Sterblichen zu Liebesabenteuern mit den göttlichen Weibern[1]).

Bis auf den heutigen Tag spielt die Vorstellung von den Nereiden im griechischen Volk eine wichtige Rolle, bis heute sind die Sagen von ihnen beliebt und verbreitet, und es ist eine wohlbegründete Vergleichung, wenn E. H. Meyer auch diese modernen Nereiden mit den Apsaras zusammenbringt, denen sie noch heute in ihrer Erscheinung und ihrem Wesen, wie in den von ihnen erzählten Sagen sehr ähnlich sehen[2]). Der Charakter derselben als Apsaras-Schwanjungfrau-Elbinnen tritt deutlich auch darin zu Tage, dafs sie mit sterblichen Männern in Liebesverhältnisse treten, aber nur wider ihren Willen in der Ehe festgehalten werden, indem man sich ihres Kopftuches, ihrer Kleider oder Flügel versichert, bis sie bei guter Gelegenheit auch wieder entfliehen[3]). Dazu kommen als besonders charakteristisch die Sagen von den Verwandlungen dieser Wesen, für welchen Punkt ich wohl nur an die berühmte Geschichte von Thetis und Peleus zu erinnern brauche.

---

[1]) S. Preller a. a. O. I, p. 457. E. H. Meyer a. a. O. p. 187.

[2]) S. E. H. Meyer a. a. O. p. 185—188. Diese Benutzung der modernen Nereiden zum Vergleich mit den Apsaras und den Elbinnen ist ebenso berechtigt wie die Benutzung noch heute erzählter deutscher Sagen und Märchen zur Erschliefsung altgermanischen Götterglaubens und zum Zweck der vergleichenden Mythologie, wie das von Grimm, Kuhn und Andern mit Glück und Erfolg geschehen ist. „Die Nereidenvorstellungen — sagt E. H. Meyer a. a. O. p. 188 — sind aus der Tiefe uralten hellenischen, man darf nach dem Vergleich mit den Apsaras und den Elben sagen, uralten indogermanischen Nymphenglaubens geschöpft, weshalb wir auch gerade diesen, übrigens nicht diesen allein, soweit wir zurückblicken können, im griechischen Volkstum besonders tief begründet finden, wie Curtius, Griech. Gesch.[4] I, 47 mit Recht hervorhebt, und über alle griechischen Stämme verbreitet sehen, wie selbst H. D. Müller (Myth. d. griech. Stämme 2, 232) zugeben mufs."

[3]) Vgl. E. H. Meyer a. a. O. p. 187; B. Schmidt, Volksleben der Neugriechen p. 112 ff.

Wenn die jetzigen Griechen unter den Nereiden (Neraiden), von denen ihre Lieder und Sagen erzählen, nicht blofs die Nymphen der See, sondern die des Wassers überhaupt, ja auch Wald- und Bergnymphen verstehen [1]), so hat da eben jene oben angedeutete Verbreitung der alten Wasserfrauen über das Land hin stattgefunden, und es weist uns dieses Factum deutlich darauf hin, dafs auch die andern griechischen Nymphen, die Bewohnerinnen des Landes, der Berge und Wälder, ursprünglich zu derselben Schaar weiblicher Götterwesen gehören, ein Zusammenhang, der andrerseits auch darin wieder hervortritt, dafs die Griechen ihre Nereiden auch Nymphen der See oder Seejungfern, νύμφαι ἅλιαι oder πελάγιαι nennen [2]).

Die Nymphen im engeren Sinne des Wortes erscheinen zwar in besonderen Fällen auch im Olymp in der Götterversammlung (vgl. Il. 20, 8 flg.), aber ihr eigentliches Gebiet ist die einsame, stille, schöne Natur: Quellen und Bäche, feuchte Wiesengründe, Höhlen und Grotten, wo Wasser rieselte, meerumrauschte Inseln, liebliche Haine und die Waldungen der Gebirge; da wohnten diese reizend schönen halbgöttlichen Weiber [3]), da ergötzten sie sich gleich den Apsaras an Gesang und Musik, an Spiel und Tanz [4]); da schmückten sie sich mit Blumen und Kränzen [5]); da badeten sie sich oder pflogen der Liebe mit Göttern, Halbgöttern oder auch Menschen [6]). Von manchem

---

[1]) S. Preller a. a. O. I, p. 458.
[2]) S. Preller a. a. O. I, p. 455 Anm. E. H. Meyer a. a. O. p. 185 sagt: „Die Nereiden, wie die Nymphen überhaupt, kennzeichnet auch nicht einmal das griechische Altertum, obgleich der gröfste Teil seiner uns erhaltenen mythischen Überlieferungen aus Küstenstrichen stammt, als ausschliefsliche und ursprüngliche Seejungfern, sondern sie verbreiten sich mit den Najaden, Dryaden und Oreaden auch über das Land, seine Flüsse und Quellen, Wälder und Felder, Berge und Thäler. Ihre ursprüngliche Bedeutung ist aber die von Wasser- und Wolkenfrauen, weshalb sie auch in ihren spätern verschiedenartigen Rollen fast immer, wie Schmidt a. a. O. 102 hervorhebt, zu dem flüssigen Element in Beziehung gesetzt werden."
[3]) S. Preller a. a. O. I, p. 593. 594. 598.
[4]) Preller a. a. O. p. 594. 599.   [5]) Preller a. a. O. p. 599.
[6]) Preller a. a. O. p. 594.

schönen Jüngling, von manchem Helden, der die Liebe der Nymphen genossen haben soll, wufste die griechische Sage zu erzählen, und manches Geschlecht führte seinen Stammbaum bis zu einer Nymphe hinauf[1]), wie bei den Indern die Apsaras als Stammmütter edler Geschlechter erscheinen. Aber ähnlich wie in den Sagen von den Apsaras oder den germanischen Elben bringt auch hier das Ungleichartige der menschlichen und der Nymphen-Natur tragische Verwickelungen mit sich[2]). Die Nymphen können ferner geradezu sinnverwirrenden Einflufs üben, und ekstatische Verzückte wurden *νυμφόληπτοι* genannt, d. h. von den Nymphen Ergriffene[3]), wodurch man unmittelbar daran erinnert wird, dafs auch die indischen Apsaras den Geist verwirren und Wahnsinn wirken, den sie dann auch wieder zu lösen vermögen[4]).

Den Nereiden stehen unter den Nymphen am nächsten die sog. Najaden (*νηιάδες, ναιάδες, νηίδες*), bei welchen der enge Zusammenhang mit dem Wasser noch deutlich hervortritt. Es sind die Gottheiten der Quellen, Bäche und Flüsse, der feuchten Gründe und Seen, und darnach heifsen sie auch *πηγαῖαι, κρηνίδες, ἐπιποταμίδες, ἑλειονόμοι, λειμωνιάδες, λιμναῖαι* u. dgl. m.[5]). Als Wassernymphen sind sie, wie Aphrodite, fruchtbar und nährend und heifsen daher *καρποφόροι* und *ὄμπνιαι*[6]). Ihre Beziehung zu Aphrodite tritt darin hervor, dafs sie in der Umgebung dieser Göttin erscheinen[7]).

---

[1]) Preller a. a. O. p. 594. 598.   [2]) S. Preller a. a. O. p. 594.
[3]) Preller p. 595; E. H. Meyer a. a. O. p. 186.
[4]) S. Holtzmann a. a. O. p. 644; E. H. Meyer a. a. O. p. 15. 89. 184. 186. Wegen des sinnverwirrenden Einflusses heifsen die Apsaras manomuh. Bei den Neugriechen sind es die Nereiden, welche diesen Einflufs üben; sie versetzen einen Schlag, welcher lähmt, den Verstand verwirrt und in Schwermut versenkt (Schmidt a. a. O. p. 119 f.; E. H. Meyer p. 186). Dies erinnert wieder sehr an germanische Elbinnen, an Erlkönigs Töchter, die Herrn Olaf einen Schlag aufs Herz versetzen, dafs er traurig wird und sterben mufs. — Ob sich bei Aphrodite von dieser elbischen Eigenschaft noch etwas darin bewahrt haben mag, dafs sie der Sinne beraubt? Sie macht *ἄφρων*, und darum leitet Euripides (Troer 982) in spielender Etymologie den Namen *Ἀφροδίτη* von *ἀφροσύνη* her (vgl. Engel, Kypros II, p. 47).
[5]) S. Preller a. a. O. p. 595.
[6]) S. Preller a. a. O. I, p. 596.   [7]) Preller a. a. O. p. 596.

Den Najaden nahe verwandt, aber von dem Ausgangspunkte, den Wolkenfrauen, doch schon viel weiter entfernt sind die Oreaden und Dryaden oder Hamadryaden, die Bewohnerinnen der Berge und Schluchten, der Waldungen, Haine und Bäume, welche näher zusammengehörig die zweite Gruppe der Nymphen im engeren Sinne bilden. Es sind die ὀρειάδες, ὀρεστιάδες, ὀρεσκῷοι, δρυάδες, ἁμαδρυάδες, ὑληωροί, ἀλσηίδες, αὐλωνιάδες, ναπαῖαι und wie sie sonst heifsen¹), die zu den bekanntesten, populärsten Gestalten der griechischen Sage und Kunst gehören.

Die indischen Apsaras haben in mancher Beziehung eine ähnliche Entwickelung und weitere Verbreitung erfahren wie die griechischen Nymphen. Ihr vornehmster Wohnort ist in der späteren Zeit, der Zeit des Epos, zwar noch immer der Himmel und insbesondere der himmlische Wohnsitz des Götterkönigs Indra, aber sie sind doch auch in grofser Anzahl zur Erde hinabgestiegen. Wir finden sie im Meere im Palaste Varuṇas, des Wasser- und Meergottes²); wir finden sie ferner mit Vorliebe an Flufsufern wohnend, an der Gangâ, Yamunâ, Mandâkinî u. a., ja es ist ein fast regelmäfsiger Zusatz bei Beschreibung schöner Flüsse: „von Apsaras und Gandharven besucht"; sie wohnen an Teichen, Seen und andern Wassern. Aber auch die Berge bilden einen Lieblingsaufenthalt der Apsaras; nicht nur die mythischen, wie der Kâilâsa und Mandara, sondern auch die der wirklichen Geographie angehörigen. So gilt der Mahendra, die heutigen Ostghats, für einen Sitz der Apsaras; Urvaçî und Pûrvacittî haben ihren ständigen Wohnort in dem Malaya-Gebirge, d. h. in den Westghats; der Himâlaya, der Muñjavant, der Gandhamâdana, Sahya und andere Berge und Gebirge sind von Apsaras bewohnt³). Aber auch in Wäldern leben sie gerne, insbesondere freilich dort, wo Wasser zu finden ist. So wird z. B. König Duryodhana von dem Betreten eines Waldes durch einen Gandharven abgehalten, der ihm sagt: „Unser König ist hierher gekommen, um an den Teichen des Waldes mit den Apsaras zu spielen, entferne dich!"⁴)

---

¹) S. Preller ebenda.   ²) S. Holtzmann a. a. O. p. 634.
³) S. Holtzmann a. a. O. p. 640. 641.   ⁴) Holtzmann a. a. O. p. 635.

Ja sie hausen auf Bäumen, den Dryaden vergleichbar, insbesondre in oder auf hohen Bäumen. Wenn ein Hochzeitszug an grofsen Bäumen vorbeikommt, dann spricht man die Worte: „Die Gandharven und göttlichen Apsarasen, welche in (oder auf) diesen Bäumen verweilen, die mögen diesem Weibe zum Heile gereichen und nicht den Umzug stören"[1]). In den Zweigen hoher Bäume, der Açvattha's und Nyagrodha's, da schaukeln sich nach dem Atharvaveda die Apsaras auf goldenen und silbernen Schaukeln, da ertönen ihre Cymbeln und Lauten[2]). Auch in der Tâittirîya-Samhitâ (3, 4, 8, 4) werden schattige Bäume die Häuser der Gandharven und Apsaras genannt u. dgl. m.[3]).

Wir könnten demnach auch die Apsaras, wenn wir wollten, in Nereiden, Najaden, Oreaden und Dryaden einteilen, und die Übereinstimmung mit den betreffenden Wesen der griechischen Mythologie springt in die Augen. Ja, auch die im Himmel und in der Umgebung des Indra hausenden Apsaras sind nicht mehr jene alten Wolkenfrauen; sie wandeln da droben in den Hainen und Wäldern der Götter, insbesondere gern im Götterhaine Nandana, sie ergötzen sich mit den frommen Verstorbenen an den himmlischen Teichen und Seen, sie wohnen an der Gangâ des Himmels, auf mythischen Bergen[4]) u. dgl. m., erscheinen also auch da droben eigentlich als himmlische Najaden, Dryaden und Oreaden.

Auch Aphrodite wurde als Göttin der Höhen, als $ἀκραία$ auf vielen Bergen verehrt: so in Theben auf der Kadmea, in Argos auf der Larissa, in Korinth auf Akrokorinth, in Troas auf der Höhe von Gargara, in Kypros auf dem Olympos, und

---

[1]) Nach dem Kâuçikasûtra 77, 7; AV 14, 2, 9; vgl. Haas in den Ind. Studien V, p. 394; auch E. H. Meyer a. a. O. p. 13. 16. 89. 184. Auch die griechische Helena, die Tochter der Schwanenjungfrau (Nemesis, Leda), die aus dem Schwanenei geborene, ist wohl ursprünglich eine schöne Apsaras, und wenn sie in Rhodos vorzugsweise unter dem Namen $δενδρῖτις$ verehrt wurde, so erweist sie sich da als eine jener Baum-Apsarasen. Vgl. Preller a. a. O. II, p. 110.

[2]) Vgl. AV 4, 37, 4.

[3]) S. Ind. Studien XIII, 136; E. H. Meyer a. a. O. p. 13.

[4]) S. Holtzmann a. a. O. p. 640.

ähnlich in Knidos, bei Milet, in Sicilien auf dem berühmten Berge Eryx, nach welchem sie bekanntlich Erycina genannt wird u. dgl. m. Wir haben gewifs ein Recht, diese Berg-Aphrodite mit den bergbewohnenden Apsaras[1]) und den Oreaden zusammen zu stellen. Wenn aber die Frage aufgeworfen wird, wie diese alten Wolkenfrauen dazu kommen, gerade auf Bergen und auf der Spitze von Bergen zu hausen, resp. verehrt zu werden, so läfst sich dies vielleicht dadurch tiefer begründen, dafs man die Wolken zu den Bergen hin und gerade um die Gipfel der Berge herumziehen sah, was ein merkwürdiger alter Mythus in der Mâitrâyaṇî Saṃhitâ dadurch zu erklären sucht, dafs die Wolken ursprünglich die Flügel der Berge gewesen seien, die ihnen durch göttliche Macht abgeschnitten doch immer noch gerne zu ihnen hinziehen, gleichsam von den Bergen sich angezogen fühlen[2]).

Beziehung der Apsaras zu den Gandharven, der Nereiden und Nymphen zu den Kentauren, Silenen, Satyrn, Panen und andern priapischen Wesen. Beziehung der Aphrodite zu denselben.

Von hervorragender Wichtigkeit ist das Verhältniss der Apsaras zu den Gandharven, welchen auf griechischem Boden Kentauren, Silene, Satyrn, Pane und einige andere mit diesen verwandte priapische Wesen entsprechen[3]). Sie erscheinen aufs Engste mit einander verbunden, von der ältesten bis in die

---

[1]) Man erinnere sich daran, dafs gerade auch die der Aphrodite nahestehende Urvaçî später im Malaya-Gebirge wohnend gedacht wird (s. oben p. 67).

[2]) Mâitr.-Saṃhitâ 1, 10, 13: „Die Berge waren (zu Anfang) geflügelt; sie flogen umher und setzten sich hin, wo sie irgend wollten. Die Erde aber schwankte da hin und her. Indra schnitt ihnen (den Bergen) die Flügel ab und machte dadurch die Erde fest. Die Flügel wurden zu den Gewitterwolken; darum schwimmen diese immer zum Gebirge hin." (RV 2, 12, 2 wird vielleicht auf diesen Mythus angespielt.)

[3]) Bei den Germanen die Elben, Nixe, Bilwiz, Scrat, die wilden Leute, Waldleute, Kobolde u. a. m. Vgl. weiter unten.

jüngste Zeit, und es kann keinem Zweifel unterliegen, dafs diese Verbindung in die indogermanische Urzeit zurückreicht.

Im Veda treten die Gandharven als Hüter und Finder des Soma, des himmlischen Methes, d. h. des Wolkenwassers, auf, und die priesterliche Dichtung sucht sie vornehmlich um dieser Eigenschaft willen zu verherrlichen und zu idealisiren[1]). Daneben gewahren wir aber in den vedischen Büchern auch eine derbere, volkstümlichere, jedenfalls sehr alte Auffassung dieser Dämonengruppe, welche insbesondere im Âtharvaveda zu Tage tritt. Darnach erscheinen die Gandharven als langhaarige, zottige, am ganzen Leibe behaarte, halbtierische Gesellen, die den Menschen in mancher Beziehung gefährlich werden, Wahnsinn bewirken u. dgl. m., vor Allem aber als priapische Unholde die Weiber heimsuchen, und durch wirksame Sprüche und Kräuter (insbesondere das Bockshorn, Ajaçṛṅgî) gebannt werden müssen[2]). Die Liebe zu den Weibern ist seit der ältesten Zeit ein hervorstechender Charakterzug der Gandharven[3]), und diese Eigenschaft erklärt ihre feste Verbindung mit den schönen Nymphen, den Apsaras, mit welchen vereint sie sich in der vedischen Zeit im

---

[1]) Vgl. E. H. Meyer a. a. O. p. 11 flg.

[2]) Vgl. E. H. Meyer a. a. O. 16—18. 23. „Des herantanzenden Gandharven, des mit dem Haarbusch versehenen Gatten der Apsaras, dessen Hoden zerspalte ich, dessen Penis schneide ich ab", — lautet eine Beschwörung AV 4, 37, 7. Vor dem ersten Beilager wird der Gandharve Viçvâvasu aufgefordert, sich zu entfernen; vgl. Ind. Stud. V, 185. 210. E. H. Meyer a. a. O. p. 16. „Der eine wie ein Hund, ein andrer wie ein Affe, (einer) wie ein ganz behaarter Knabe, wie der Liebste gestaltet, folgt der Gandharve dem Weibe; den vertreiben wir hier mit kräftigem Gebet", — so heifst es AV 4, 37, 11. „Eure Frauen sind ja die Apsaras, ihr Gandharven, ihr seid ja Gatten! Lauft fort, ihr Unsterblichen, hängt euch nicht an Sterbliche" (AV 4, 37, 12). Die Gandharven verzehren die Hoden der Knaben und verwandeln letztere in Mädchen, sie heifsen daher Eieresser; sie richten als priapische, dickhodige Buhlgeister allerlei Unfug an, tanzen und lärmen in Felle gehüllt im Walde, umhüpfen Abends laut wie Esel schreiend die Häuser und erscheinen in allerlei Mifsgestalten; vgl. AV 8, 6, 1—26; E. H. Meyer a. a. O. p. 16.

[3]) Vgl. auch Mâitr. Saṃh. 3, 7, 3 strîkâmâ vâi gandharvâḥ „die Gandharven sind Frauenliebhaber".

Luftmeere hin und her bewegen, mit welchen vereint sie später in den Hainen und auf den Bergen der Götter wandeln oder auch an irdischen Wassern, in irdischen Wäldern sich vergnügen.

Ihrem ursprünglichen Wesen nach gehören die Gandharven ohne Zweifel in das Luftmeer, in die Region der Winde und Wolken, daher sie der Veda auch vâyukeça nennt, d. h. „windhaarig" oder „mit im Winde flatternden Haaren". A. Kuhn versuchte zuerst den im Ṛigveda in der Einzahl erscheinenden Gandharven auf die hinter Wolken und Nebeln verborgene Sonne zu deuten, liefs diese Auffassung aber mit Recht später fallen und bezeichnete die Gandharven als „unzweifelhafte Wolkendämonen"[1]). E. H. Meyer endlich in seinem wertvollen Buche „Gandharven-Kentauren" deutete sie als Winddämonen, oder etwas weiter gefafst als „Wind- und Wetterdämonen", und hat für diese Auffassung gewichtige Gründe beigebracht. Ich halte sie im wesentlichen für die richtige und bin der Meinung, dafs sich dieselbe je länger je mehr bewähren wird[2]). Anfangs zweifelnd und nicht gleich gewonnen, bin ich allmählich ganz von der Richtigkeit dieser Bestimmung überzeugt worden. Kuhns Auffassung der Gandharven als „Wolkendämonen" hat aber insofern auch durchaus ihre Berechtigung, als jene Wesen fast immer in engster Verbindung mit den Wolken erscheinen und von diesen sich garnicht trennen lassen. Nur sind sie darum nicht mit ihnen zu identificiren; die Wolken stellen vielmehr nur die entsprechende weibliche Ergänzung zu jenen männlichen Gestalten der mythenbildenden Phantasie dar. Mit den Wolken jagen die Winde im Sturmesbraus am Himmel dahin, mit ihnen tanzen sie in Windwirbeln, oder spielen im freund-

---

[1]) Ersteres in der Zeitschr. f. vgl. Sprachf. 1, 513 ff.; letzteres in der „Herabkunft des Feuers und Göttertranks" p. 174 (neue Ausgabe p. 153).

[2]) Roscher, der die Kentauren (= Gandharven) für Wasser- und Flufsdämonen erklärt, hat vom griechischen Standpunkt aus nicht Unrecht; die alten Wind- und Wolkendämonen sind dies hier geworden, ebenso wie die alten Wolkenfrauen zu Najaden wurden. Vgl. Berliner Philol. Wochenschrift 1885, No. 1 flg.

lichen Sonnenschein, mit ihnen verbunden blasen, pfeifen, säuseln, und rauschen sie und geben ihre Windmusik zum besten, begleitet von den aus den Wolken dröhnenden dumpfen Tönen der himmlischen Pauken; und den himmlischen Meth, den die Wolken bergen, hüten sie sorgsam oder schlürfen ihn fröhlich zu ihrer Ergötzung.

Es ist eines der zahlreichen Verdienste Adalbert Kuhns, die Gandharven zuerst mit den griechischen Kentauren in etymologischer sowie in mythologischer Hinsicht zusammen gestellt zu haben[1]). Diese Zusammenstellung ist späterhin vielfach angezweifelt und bestritten worden, doch hat, wie ich glaube, Elard Hugo Meyer durch seine gründliche und umfassende Behandlung dieses Gegenstandes die Richtigkeit derselben endgültig nachgewiesen[2]).

„Die indischen wie die hellenischen Wesen treten bald schaarenweise, bald einzeln auf, bald freundlich, edel und beliebt, bald wild, tückisch und gefürchtet. Beiden haften gewisse tierische Äufserlichkeiten an, insbesondere eine ungewöhnlich starke Behaarung, beide sind nach Trunk und Weibern lüstern, bei Hochzeiten deswegen gefährlich, beide sind Gatten oder auch Söhne von himmlischen Wolken- und Wasserfrauen und leben auf Bäumen oder im Walde, beide stehen in naher Beziehung zu Rossen, sind der Heilkunst und der Musik kundig, beide sind Lehrer der Götter und göttlicher Helden, beide treten als Göttergenossen und wiederum als Götterfeinde auf, indem sie beide mit einem dürstenden oder freienden Gott um ein Getränk oder ein Weib ringen, bis sie von ihm mit Pfeilen erlegt werden"[3]).

Man wird beide Gruppen von Wesen in erster Linie als Pferdedämonen bezeichnen dürfen. Die Gandharven galten als die Besitzer der besten Rosse und eine Abteilung derselben, die sog.

---

[1]) In seinem Aufsatz über Gandharven und Kentauren, Zeitschr. f. vgl. Spr. I, p. 513 ff.

[2]) E. H. Meyer, Indogermanische Mythen I, Gandharven-Kentauren, Berlin 1883.

[3]) Vgl. E. H. Meyer a. a. O. p. 100. 101. Für alles Nähere verweise ich auf die mehrerwähnte eingehende Abhandlung dieses Gelehrten.

Kiṃnara's, erscheint pferdeköpfig. Bei den Kentauren ist menschliche und Pferdegestalt verschmolzen, doch hat sich die bekannte Verbindung eines menschlichen Oberleibes mit einem Pferdeleib bei ihnen erst nach manchen Schwankungen festgestellt[1]). Die Beziehung beider Dämonengruppen zu den Wolken zeigt sich — abgesehen von der Verbindung mit den Apsaras — auch darin, dafs der Gandharve im Ṛigveda nabhojâ heifst, d. i. „aus der Wolke geboren", der griechische Kentaur aber $νεφελογενής$ (nubigena), Sohn der Nephele, d. h. der Wolke[2]). Was die etymologische Vermittelung der Namen Gandharva und $Κένταυρος$ anbetrifft, so glaube ich, dafs die unleugbar vorliegende lautliche Schwierigkeit durch Annahme einer Volksetymologie sich wegräumen läfst. Dem sanskritischen gandh müfste im Griechischen die Silbe $κενθ$ entsprechen, wie bandh (binden) gegenüber $πενθ$ steht[3]) u. dgl. m., es wäre also wohl $κένθαυρος$ als ältere Form zu vermuten und dieses hätte sich — wohl wegen seiner etymologischen Unverständlichkeit — volksetymologisch an das Wort $ταῦρος$, der Stier, angelehnt, wodurch die Form $Κένταυρος$ entstand[4]). Diese Anlehnung an das Wort $ταῦρος$ ist um so natürlicher und wahrscheinlicher, als die Kentauren ja gerade als Stierjäger oder Büffeljäger erscheinen und als solche auf alten Darstellungen Stiere verfolgend auftreten[5]), daher denn auch schon im Alter-

---

[1]) S. Zeitschr. f. vgl. Spr. I, 453.
[2]) Vgl. E. H. Meyer à. a. O. p. 53. 119. 148 und öfter.
[3]) S. Curtius, Griech. Etymol. 4. Aufl. p. 261.
[4]) Volksetymologie nimmt hier auch E. H. Meyer (a a. O. p. 164. 165) an, und mit Recht betont er, dafs gerade im Kreise der Namen die Volksetymologie rührig gewesen ist und häufig die Lautgesetze gestört hat; im Übrigen aber vermag ich seiner Entwickelung der Etymologie von $Κένταυρος$ nicht zu folgen. Er nimmt irrigerweise an, die griechische Grundform, die dem indischen gandharva entsprach, hätte etwa $γενθαρϝος$ lauten müssen; man empfand seiner Meinung nach deutlich die Beziehung dieser Wesen zur Luft und machte aus dem unverständlichen Namen ein $κένταυρος$, d. h. Luftstachler (also $κεντ-αυρος$). Die Erklärung des Wortes als Luftstachler, Luftsporner findet sich schon früher bei Mannhardt, Wald- und Feldkulte II, p. 88. 89. Doch scheint mir diese Bedeutung nicht befriedigend und die ganze Annahme etwas künstlich.
[5]) Vgl. E. H. Meyer a. a. O. p. 64. 77. 113.

tume der Name hergeleitet wurde von τὸ ἀποκεντῆσαι τοὺς ταύρους[1]). Dafs eine solche Auffassung sehr für die von mir angenommene Volksetymologie spricht, liegt auf der Hand.

So richtig nun aber auch die Zusammenstellung der Kentauren mit den Gandharven ist, dürfte doch mit den Ersteren die Gruppe derjenigen Wesen der griechischen Mythologie, welche den indischen Gandharven entsprechen, noch nicht erschöpft sein. Die Kentauren bilden nur einen Teil der alten Gandharven; sie gehen in den Gandharven auf, aber nicht umgekehrt.

Die neuere Forschung, speciell die genauere Erforschung der älteren griechischen Kunstdenkmäler lehrt uns zunächst mit unzweifelhafter Gewifsheit, dafs die Kentauren von den sog. Silenen ursprünglich gar nicht streng zu scheiden sind, dafs diese Wesen zusammen eine grofse Gruppe uralter priapischer Pferdedämonen bilden, die in nächster Beziehung mit den Nymphen erscheinen, bald ihnen auflauernd, bald sie verfolgend, oder mit ihnen an Tanz und Musik sich ergötzend. Bald sind es Menschengestalten mit Pferdeschweifen, bald solche mit Pferdefüfsen, meist haben sie die spitzigen Pferdeohren und in der Regel Fell auf dem Körper, oder auch alles dieses zusammen. Oder endlich es sind auch ganze Menschenleiber, mit menschlichen Füfsen, aber mit hinten angesetztem Pferdehinterleib ausgestattet; und aus dieser letzteren Kombination haben sich im Laufe der Zeit die uns bekannten Kentaurengestalten entwickelt[2]). Sie alle zusammen ent-

---

[1]) Schol. Pind. (Boeckh II, 1, 319); vgl. E. H. Meyer a. a O. p. 113. Der Alexandriner Palaephatos, Anfang des 3. Jahrh., erzählt von den Kentauren (de incredibilibus Cap. 1), sie hätten wildgewordene Stiere des Pelion mit ihren Wurfspiefsen getötet und daher stamme ihr Name; vgl. E. H. Meyer a. a. O. p. 47; Westermann, Mythogr. p. 269.

[2]) Über die ursprüngliche nahe Verwandtschaft der Kentauren und Silene vgl. man auch A. Furtwängler, Der Satyr aus Pergamon (vierzigstes Programm zum Winckelmannsfeste, Berlin 1880) p. 23. — Für die ältere Gestalt des Kentaurentypus vgl. man auch Pausanias' Beschreibung des Kypseloskastens 5, 19, 7: Κένταυρος δὲ οὐ τοὺς πάντας ἵππου πόδας, τοὺς δὲ ἔμπροσθεν αὐτῶν ἀνδρός ἐστιν. Vgl. E. H. Meyer a. a. O. p. 63 u. flg. Alte Vasenbilder zeigen uns vielfach die alten menschenbeinigen Kentauren, ganze Menschenleiber mit einem Pferdehinterteil; sie tragen lange Bärte,

sprechen den Gandharven und sind als ursprüngliche Winddämonen zu deuten¹).

Die Silene, welche namentlich in Nordgriechenland und Kleinasien zu Hause sind, stehen in deutlicher, naher Beziehung zum feuchten Element, ursprünglich dem Wolkennafs. Es sind Dämonen des quellenden, fliefsenden und befruchtenden Wassers, die an Quellen und Flüssen, in feuchten Gründen und Waldungen u. dgl. m. heimisch gedacht werden²), und in dieser Beziehung mit den Najaden zu vergleichen. Mit den Silenen aber aufs Nächste verwandt und oft mit ihnen vermischt und verwechselt³) sind die Satyrn, die muntern, beweglichen Bewohner der trockenen Waldungen und Berge, ebenfalls meist mit verschiedenen tierischen Körperteilen ausgestattet, welche bei ihnen vom Bock entlehnt sind, wie bei den Silenen vom Pferde. So erscheinen sie mit Hörnern, mit ziegenartigen Ohren, mit Knollen am Halse,

---

meist überaus langes, reiches, zum Teil schopfartiges Haupthaar, sind wohl auch am ganzen Leibe behaart (vgl. die starke Behaarung der Gandharven), und tragen spitze Tierohren; vgl. E. H. Meyer a. a. O. p. 64—66.

¹) In dieser Beziehung erhalte ich von Herrn Prof. Loeschcke noch folgende interessante Notiz: Vgl. E. Petersen, Arch. epigraph. Mitteilungen aus Österreich IX, p. 85. In Mon. dell' Inst. IX, 46 findet sich ein rotfiguriges Vasenbild, auf welchem Silene die Iris überfallen und ihr Gewalt anthun wollen; im Journal of Hell. Stud. I, pl. III rotfiguriges Vasenbild: Iris von Kentauren bedrängt. Petersen vergleicht als dritte Parallele Ilias XVIII, 194, wo Winde die Iris bedrohen, und vergleicht: Silene = Kentauren = Winde = Gandharven.

²) Vgl. Preller a. a. O. I, p. 603; Furtwängler a. a. O. p. 22. Es liefse sich die Frage aufwerfen, ob nicht vielleicht der Name Silen, $\Sigma\iota\lambda\eta\nu\acute{o}\varsigma$, $\Sigma\epsilon\iota\lambda\eta\nu\acute{o}\varsigma$ etymologisch zusammenhängt mit sanskr. sáras „Teich, See"? — Das Pferd, von welchem die Silene — wie auch die Kentauren — verschiedene Körperteile entlehnen, war auch sonst ein für feuchte Götterwesen symbolisches Tier; vgl. Furtwängler a. a. O. p. 22. Der germanische Nix erscheint als graues Rofs am Meeresstrand. Wenn Sturm und Gewitter aufsteigen, zeigt sich ein grofses Pferd mit ungeheuren Hufen auf dem Wasser. Die Vorstellung der Nixe mit fischartigem Schwanz ist nach Grimm wohl nicht echt deutsch; niemals treten geschwänzte Nixe auf, wohl aber Nixe, die oben menschlich, unten wie Pferde gebildet sind; vgl. Grimm, Deutsche Mythologie 1. Aufl. p. 277. 4. Aufl. p. 407.

³) Vgl. Furtwängler a. a. O. p. 24. 25.

Schwänzchen u. dgl. m.¹). Sie stehen den Silenen etwa in der Weise gegenüber wie die Oreaden und Dryaden gegenüber den Najaden. Die Satyrn sind besonders im Peloponnes zu Hause²). Die spätere Zeit combinirt mit Vorliebe einen alten Silen³), den Silen κατ' ἐξοχήν, mit einer Schaar jugendlicher Satyrn, als deren Anführer er gilt. Silene und Satyrn sind priapische Naturen, aufs Engste mit den schönen Nymphen, den Apsaras, den aphrodisischen Naturen verbunden, mit welchen zusammen sie das Gefolge des Dionysos bilden. Sie lieben den Wein und ergötzen sich an der Musik, am Spiel der Syrinx und Flöte, und am Tanz mit den Nymphen, wie die Gandharven mit den Apsaras.

Von den Satyrn gar nicht zu trennen ist endlich Pan, der Gott des felsigen Gebirges, der Sohn des arkadischen Alpenlandes⁴). Er erscheint mit starkem Haarwuchs, struppig und. halbtierisch gebildet⁵), und zwar sind seine tierischen Körperteile, wie bei den Satyrn, vom Bocke entlehnt. Er zeigt Bocksfüfse, Schwänzchen, Hörner, Ziegen-Bart und -Ohren, ist teilweise zottig oder struppig behaart. Er heifst αἰγιπόδης, δικέρως, ἀγλαέθειρος, αἰγοπρόσωπος, τραγοσκελής, Αἰγίπαν⁶). Er bläst die Flöte oder die Syrinx, er ist sehr beweglich und rasch, er ist brünstiger, priapischer Natur und treibt sich mit den Nymphen herum⁷); ja Preller sagt von ihm geradezu: „Nie ist er ohne Tanz und Gesang, ohne seine Flöte und ohne den Chor der Nymphen zu

---

¹) Vgl. Furtwängler a. a. O. p. 24. 25. Preller a. a. O. I, p. 600.
²) Furtwängler a. a. O. p. 24.
³) Vgl. Furtwängler a. a. O. p. 25; Preller a. a. O. I, p. 603. Der alte Silen heifst auch Papposilen; er erscheint „von den Zotteln eines engen, dichten Wollegewandes bedeckt, gelegentlich vom Ende des fünften Jahrhunderts an" (Furtwängler a. a. O. p. 25. 26).
⁴) S. Preller a. a. O. I, p. 610; Furtwängler a. a. O. p. 26.
⁵) Preller a. a. O. I, p. 611.
⁶) S. Furtwängler a. a. O. p. 26. 27; Preller a. a. O. I, p. 611; Mannhardt a. a. O. II, p. 132.
⁷) S. Preller a. a. O. I, p. 611—613. Seine lüsterne, geile Natur führt Heraklit dazu, πανεύειν γυναῖκας geradezu im Sinne von „beschlafen" zu brauchen. S. Mannhardt a. a. O. II, p. 131.

denken"[1]). Er ist nach alledem den Satyrn sehr ähnlich, mit denen er wetteifert[2]), und muſs ohne Frage als einer der alten Gandharven gefaſst werden. Gleich Silenen und Satyrn erscheint er auch im bakchischen Thiasos, wenn auch vielleicht erst später[3]). Auch Pan erscheint im Plural. Die Πᾶνες oder Πανίσκοι sind vertraute Kameraden der Satyrn[4]); es sind Waldteufel und bocksartige Dämonen, welche den Menschen durch koboldartigen Spuk, Alpdrücken und böse Träume lästig werden. Pan wird geradezu mit Ephialtes, dem griechischen Incubus, identificirt, der uns bei den Indern als ein Gandharve begegnet[5]).

Für uns ist es nun eine naheliegende Frage, ob nicht auch Aphrodite, die wir als alte Apsaras kennen gelernt haben, in Verbindung mit diesen, den Gandharven entsprechenden, priapischen Wesen erscheint.

Und in der That finden wir die reizende olympische Göttin in naher Verbindung mit Pan[6]), mit welchem zusammen sie namentlich auf unteritalischen Vasenbildern ein häufig erscheinendes Paar bildet. Da aber diese Göttin schon so hoch über die gewöhnliche Schaar der Nymphen und Nereiden emporgehoben ist, wird es uns weiter nicht Wunder nehmen, wenn wir sie vornehmlich mit den obersten und leitenden männlichen Gottheiten dieses Kreises verbunden finden. So ist ihre Verbindung mit Hermes zu beurteilen, der bekanntlich als Führer und Liebhaber der Nymphen auftritt und nach dem homerischen Hymnus (3, 263. 264) sich im Verein mit den Silenen im Innern der lieblichen Grotten mit den Nymphen in Liebe vereinigt[7]). Er ist ja ein priapischer Gott und mit dieser Seite seines Wesens gehört

---

[1]) Preller a. a. O. I, p. 614.
[2]) S. Preller a. a. O. I, p. 615. 616.   [3]) Preller a. a. O. I, p. 615.
[4]) S. Preller a. a. O. I, p. 618.
[5]) Vgl. Preller a. a. O. I, p. 617; oben p. 70 Anm. 2. E. H. Meyer a. a. O. p. 16. 17. Mannhardt a. a. O. II, p. 132.
[6]) S. Preller a. a. O. I, p. 616.
[7]) h. Hom. 3, 263. 264:
τῇσι δὲ Σειληνοὶ καὶ ἐΰσκοπος Ἀργειφόντης
μίσγοντ' ἐν φιλότητι μυχῷ σπείων ἐροέντων.

er hierher in diesen Kreis¹). Aphrodite, die vornehmste Apsaras, und Hermes, der Gott, der priapische Anführer der Nymphen — sie gehören zusammen, sie bilden ein Liebespaar. Am Südabhange der Akropolis war ein Altar dem Hermes, der Aphrodite, Pan und den Nymphen gemeinsam geweiht²) — eine Zusammenstellung, welche gerade durch unsere Auffassung des ursprünglichen Wesens der Aphrodite an Klarheit gewinnen dürfte.

Wichtig und wohlbegründet ist ferner die Beziehung zwischen Aphrodite und Dionysos, welche beiden ebenfalls häufig als ein Liebespaar verbunden erscheinen. Ist Dionysos doch der göttliche Anführer der Silene, Satyrn und Nymphen, des ganzen fröhlichen Zuges, welcher die Schaar der Gandharven und Apsaras wiederspiegelt; ihm gebührt daher wohl die schönste Apsaras, Aphrodite. Über die Verbindung dieser beiden grofsen Göttergestalten vgl. man namentlich Engel, Kypros II, p. 206. 654 ff. Auf Kypros gab es einen Tempel der Aphrodite und des Dionysos, und in einem orphischen Hymnus wird Aphrodite als σεμνή Βάκχοιο πάρεδρε, die hehre Beisitzerin des Bakchos, angerufen³). Das eine der von Kalkmann in seinem oben erwähnten Aufsatz⁴) besprochenen Vasenbilder (Tafel 11, 2) zeigt uns Aphrodite auf dem Schwan inmitten von Eroten, Nereiden und Nymphen⁵), auf der einen Seite Hermes, auf der andern Dionysos — lauter zusammengehörige Gestalten⁶). Himerius führt uns die aus dem

---

¹) Dafs er auch nach der physischen, elementaren Seite seines Wesens ebendahin gehört, werden wir bei einer speciellen Besprechung dieses Gottes sehen.
²) Vgl. Mitteilungen des archäol. Instituts, Athen II, 246. S. auch Welcker, Griech. Gött. 454.
³) S. Engel a. a O. II, p. 206; Kalkmann a. a. O. p. 252.
⁴) Aphrodite auf dem Schwan, Jahrbuch d. Kais. Deutsch. Arch. Inst. Bd. I, p. 247 flg.
⁵) Zwei Frauen auf Delphinen sind Nereiden, zwei andere Nymphen, von denen eine sich auf das oben besprochene Tympanon stützt, dem die Pauken der Apsaras-Gandharven zu vergleichen sind.
⁶) Das ursprüngliche Wesen des Dionysos und seine elementare Hingehörigkeit in jenen Kreis werden wir später in einem besonderen Aufsatz — vielleicht in dem folgenden Heft dieser Serie — besprechen.

Meere emporsteigende Aphrodite inmitten des bakchischen Thiasos vor[1] u. dgl. m.

Als Frucht des Liebesverhältnisses zwischen Dionysos und Aphrodite gilt — sehr bezeichnend für den Charakter dieser Verbindung — Priapos, der κατ' ἐξοχήν priapische Gott. So berichtet die Sage von Lampsakos, wo Priapos zu Hause war[2]. Bildliche Darstellungen und literarische Angaben betreffend die Aphrodite als Mutter des Priapos von Dionysos findet man bei Michaelis, Arch. epigraph. Mitteilungen aus Österreich I, p. 81.

Auch mit andern priapischen Dämonen wie Konisalos, Orthanes, Tychon u. dgl. m. sehen wir Aphrodite indirect zusammen gebracht[3], und so tritt uns an mehr als einem Punkte — direct und indirect — der durch ihr Wesen wie durch ihre mythologische Herkunft gleichermafsen wohl begründete Zusammenhang der reizenden Liebesgöttin mit jenen in der sinnlichen Liebe so leistungsfähigen Wesen, den altindogermanischen Gandharven, deutlich entgegen.

Hephästos, der Gatte der Apsaras-Aphrodite, — ein Gandharve. Etymologie des Namens. Beziehung zu den Silenen und Satyrn und Hingehörigkeit in diesen Kreis.

Wichtiger als die Beziehung zu diesen Göttergestalten ist das Verhältniss der Aphrodite zum Hephästos, der nach der geläufigsten Anschauung als ihr Gatte gilt und die Verletzung seines Gattenrechtes durch Ares in der bekannten schalkhaftboshaften Weise rächt, mit deren Erzählung in der Odyssee der

---

[1]) S. Kalkmann a. a. O. p. 251.
[2]) Vgl. Paus. 9, 31, 2; Diod. 4, 6; Tibull. 1, 4, 7; Schol. Apollon. A. 1, 932.
[3]) Vgl. Aristoph. Lysistr. 982. Strabo p. 587. 588: ὁ γοῦν Ξέρξης τῷ Θεμιστοκλεῖ εἰς οἶνον ἔδωκε τὴν Λάμψακον. ἀπεδείχθη δὲ θεὸς οὗτος ὑπὸ τῶν νεωτέρων· οὐδὲ γὰρ Ἡσίοδος οἶδε Πρίαπον, ἀλλ' ἔοικε τοῖς Ἀττικοῖς Ὀρθάνῃ καὶ Κονισάλῳ καὶ Τύχωνι καὶ τοῖς τοιούτοις· Ἐκαλεῖτο δ' ἡ χώρα αὕτη Ἀδράστεια καὶ Ἀδραστείας πεδίον. (Adrasteia = Nemesis = Aphrodite.)

Sänger Demodokos seine Hörer ergötzt[1]). Man hat sich in verschiedener Art bemüht, die eigentümliche Verbindung des kunstreichen, aber häfslichen, lahmen Götterschmiedes, der halbwegs eine komische Figur spielt, mit der schönsten, anmutigsten Göttin des Olympos zu erklären und zu rechtfertigen, sei es durch den eigentümlichen und wirkungsvollen Contrast dieser beiden Göttergestalten, sei es auf andere Weise. Für uns gewinnt nach den obigen Darlegungen diese Frage ein wesentlich neues Gesicht. Wir müssen schliefsen: **War Hephästos der Gatte der Apsaras-Aphrodite, so mufs er ursprünglich ein Gandharve sein**, denn keine Verbindung steht fester als diese; mag der Gandharve nun wie im Ṛigveda in der Einzahl erscheinen, oder mögen wie in dem Epos ganze Schaaren dieser halbgöttlichen Wesen auftreten, — von der ältesten Zeit bis auf die jüngste steht dies Eine fest: der Gatte der Apsaras ist der Gandharve!

Sehen wir zu, ob wir von irgend welcher Seite her eine Bestätigung des obigen Schlusses erhalten, ob irgend welche Anzeichen dafür sprechen, dafs Hephästos in der That ursprünglich ein Gandharve gewesen, dafs er in den Kreis dieser merkwürdigen „dionysischen" Wesen hinein gehört. Auf den ersten Anblick erscheint diese Voraussetzung zwar recht befremdlich, aber bei näherer Prüfung ergiebt es sich, dafs eine Reihe sehr beachtenswerter, merkwürdiger und zum grofsen Teil bisher nicht erklärter Tatsachen nach eben dieser Richtung hin weisen.

Suchen wir zunächst eine Etymologie des Namens Ἥφαιστος zu gewinnen. Eine solche ist bisher noch nicht gefunden, ja man kann kaum von Ansätzen und Versuchen dazu reden. Es war dies einer der schwierigsten und dunkelsten Namen der griechischen Mythologie. Lassen wir uns indefs durch diesen Umstand nicht von vornherein entmutigen und von dem Versuch einer Erklärung zurückschrecken.

Sieht man das Wort Ἥφαιστος zunächst in Bezug auf die Endung an, so erinnert dieselbe am meisten an Superlativ-Bildungen;

---

[1]) Vgl. Od. 8, 226 flg.

es liefse sich die Endung ιστο von dem Worte abheben, — aber wie wäre das übrige dann zu erklären? Dem φ mufs sanskr. bh entsprechen; der Anlaut des Wortes, der Spiritus asper, deutet auf Verlust eines anlautenden v, s oder j (y); Versuche mit den ersteren beiden Lauten erweisen sich bald als undurchführbar; machen wir darum den Versuch mit dem dritten, dem j. Wir haben im Sanskrit eine Wurzel yabh, welche futuere bedeutet und bekanntlich auch in den slavischen Sprachen sich erhalten hat. Ein davon abgeleitetes Substantivum yâbha, das wirklich vorkommt[1]), bedeutet fututio. Von diesem Worte könnte man ein Adjektivum mit dem Suffix yu bilden, welches die Bedeutung „verlangend, begehrend, liebend" hat. Ein Adjektivum yâbhayu würde demnach bedeuten qui fututionem cupit, fututionis cupidus, wie açvayu „nach Rossen begehrend" von açva das Rofs, gavyu „Kühe begehrend, liebend" von go, gav, rathayu „nach Wagen verlangend", vâjayu „nach Beute verlangend", devayu „nach den Göttern" verlangend, die Götter liebend" u. dgl. m.[2]). Der Superlativ dieses Adjektivs würde yâbhayishṭha lauten und müfste die Bedeutung haben „qui fututionem valde cupit, fututionis valde cupidus".

Dieser von uns konstruierte Superlativ yâbhayishṭha entspricht nun aber ganz genau, Buchstabe für Buchstabe, dem griechischen Worte Ἡφαιστος! Das y ist durch den Spiritus asper vertreten, das â durch η, das bh durch φ; das inlautende y mufste ausfallen, und das Suffix ishṭha ist = griech. ιστο; das α von ἡφα (= yâbha) und das ι von ιστο mufsten nach Verlust des inlautenden y (j) zu αι zusammen fliefsen, und so erhalten wir die Form Ἡφαιστος als genauen Reflex des indischen yâbhayishṭha! Der griechische Gott wäre demnach durch die Etymologie seines Namens als eine hochgradig geile, brünstige, priapische Natur bezeichnet, und dies würde aufs beste dazu stimmen, dafs gerade er die reizende Liebesgöttin, die κατ' ἐξοχήν aphro-

---

[1]) Bhâg. P. 9, 15, 5; Comm. zu Kâvyâd. 1, 66; davon abgeleitet ein Adjektiv yâbhavant fututor, bene futuens Kâvyâd. 1, 66; vgl. Petersb. Wörterbuch s. v. Das y in der Sanskrit-Transscription ist = j.

[2]) Dieses Suffix yu findet sich in zahlreichen Bildungen.

disische Natur zum Weibe hat, als entsprechende männliche Ergänzung ihr gesellt ist; es würde nicht minder vortrefflich zu der Annahme oder Voraussetzung stimmen, dafs er ursprünglich ein Gandharve gewesen, denn diese, die Gatten der indischen Liebesgöttinnen, sind ja seit Alters berühmte Frauenliebhaber (strîkâmâḥ), brünstige, priapische Naturen.

Das Vorwalten dieser Eigenschaft in dem Wesen des Hephästos erklärt uns nun auch, warum er die reine Göttin Athene mit seiner Brunst verfolgt, wie die Sage erzählt[1]). Sie weifs ihm zu entgehen; der Same des geilen Verfolgers aber fällt zur Erde und giebt zur Geburt des Erichthonios Veranlassung. Seine geile Natur erklärt es uns ferner, warum Hephästos auf einem Esel oder Maulesel reitend im dionysischen Thiasos erscheint, denn Esel und Maulesel sind ja gerade wegen ihrer priapischen Natur dem Silen und Priapos heilig[2]).

Die Erwähnung dieser bildlichen Darstellungen leitet uns aber weiter.

Es ist weniger die Dichtung, als gerade die bildende Kunst, die uns in überraschender Weise die Annahme bestätigt, dafs Hephästos ursprünglich in der That ein Gandharve gewesen, dafs er in den Kreis der Gandharven hinein gehört[3]).

Loeschcke, der meine nach dieser Richtung hin gemachten Voraussetzungen einer gründlichen Prüfung unterwarf und dieselben durch die archäologischen Thatsachen durchaus bestätigt fand, hat die grofse Freundlichkeit gehabt, seine diesbezüglichen Beobachtungen und Bemerkungen im Interesse der vorliegenden Untersuchung aufzuzeichnen, und so befinde ich mich hier in der glücklichen Lage, einen Kenner des Gegenstandes redend einführen zu können.

---

[1]) Vgl. Preller a. a. O. I, p. 146. 163.
[2]) Vgl. Preller a. a. O. I, p. 589.
[3]) Vgl. über die Darstellungen des Hephästos: Blümner, De Vulcani in veteribus artium monumentis figura. Breslau 1870. Brunn, Annali 1863 p. 421. Conze, Götter und Heroengestalten. Die Darstellungen der sogen. Rückführung in den Olymp sind gesammelt von R. Waentig, De Vulcano in Olympum reducto. Leipzig 1877. (Diss.)

Loeschcke schreibt: „Im schönsten Bild des Hephästos, der Herme im Vatikan, hat man mit Recht Ähnlichkeit des Gottes mit seinem Vater Zeus zu erkennen geglaubt. Aber der zenonischen Periode in der Darstellung des Hephästos ging eine dionysische voraus. Wer ohne Kenntnis der literarischen Überlieferung die altertümlichen Denkmäler betrachten wollte, der könnte kaum daran zweifeln, dafs Hephästos ein dem Dionysos nächst verwandtes Wesen, ein Glied seines Thiasos war. Denn abgesehen von den Darstellungen der Athenageburt sieht man ihn fast nur umgeben von Silenen und Nymphen, ein zweiter Dionysos in Tracht und Haltung: wie dieser auf einem ithyphallischen Maultier reitend, mit Epheu bekränzt, den Kantharos und Rebzweig in der Hand, gelegentlich auch von einem Bock begleitet (Br. Mus. 527). Man erklärt diese dionysische Erscheinung aus der Situation, in der der Gott sich befinde: der Rückführung in den Olymp. Aber die Erklärung reicht nicht aus. Denn auch sonst trägt Hephästos den Epheukranz (Gerhard A. V. B. XXXIX) und den Kantharos (Gerhard a. a. O. LVII), und wiederum auf dem Bild der Françoisvase fehlen Kranz, Becher und Zweige, sie waren also zur Bezeichnung der Situation nicht unerläfslich.

Das Epos weifs bekanntlich nichts von einer Rückführung des Hephästos in den Olymp; später aber wird in Anknüpfung an die homerische Sage, nach welcher Hera, als sie ihn geboren, sich des lahmen Sohnes geschämt und ihn vom Olymp heruntergeschleudert haben soll[1]), erzählt, Hephästos habe aus Rache einen goldenen Thron mit unsichtbaren Fesseln für die Mutter gefertigt und ihr zugesandt. Sobald sie sich auf denselben setzte, war sie gefesselt, und keiner der andern Götter vermochte sie zu befreien. Nur Hephästos konnte es, dieser aber wollte sich nun nicht mehr bereden lassen, in den Olymp zurückzukehren und die Mutter aus der unbequemen Lage zu befreien. Da brachte Dionysos dies endlich zu stande, indem er den Hephästos betrunken machte und in diesem Zustande in den Olymp zurückführte[2]).

---
[1]) S. Il. 18, 394—399.
[2]) Vgl. Preller a. a. O. I, p. 143. Paus. 1, 20, 2: *Λέγεται δὲ καὶ τάδε ὑπὸ Ἑλλήνων, ὡς Ἥρα ῥίψαι γενόμενον Ἥφαιστον, ὁ δὲ οἱ μνησικακῶν πέμψαι*

Diese Geschichte, welche sich noch nicht in der älteren Sage vorfindet, macht einen einigermafsen künstlichen Eindruck und trägt durchaus den Charakter einer ätiologischen Erfindung, mit dem Zwecke, das Erscheinen des Hephästos im bakchischen Zuge zu erklären. Die Elemente der Erzählung: Dionysos Freundschaft mit Hephästos, die Fesselung und Entfesselung der Hera werden uralt sein, nur die Kombination der einzelnen Züge ist jung, und, wie es scheint, hat in diesem Fall nicht sowohl die Poesie als die bildende Kunst den Gang der Sagenentwickelung bestimmt.

Unter den etwa 50 Vasenbildern, die auf die Rückführung bezogen werden, finden sich nur drei, auf denen das durch die literarische Überlieferung bekannte Ziel des Zuges, die olympische Götterversammlung, dargestellt ist[1]). Da unter diesen drei sich aber das Bild der Françoisvase, also die älteste Darstellung des Gegenstandes befindet, so hält man alle andern für mehr oder weniger ausführliche Excerpte aus einem umfangreichen Archetypus. Für manche Exemplare mag dies richtig sein. Aber man darf nicht übersehen, dafs nach aller Analogie auch jenes Urbild der Rückführung keine völlig freie Schöpfung war, sondern mit Benutzung älterer Typen komponiert wurde, die, wie ich glaube, nicht völlig und unlöslich in den neuen Zusammenhang aufgingen, sondern daneben ihre Sonderexistenz fortführten. Für die Gestalten der Silene und Nymphen bedarf diese Annahme keines Beweises, aber auch die Gestalt des mit dionysischen Attributen versehenen Hephästos wird fertig vorgelegen haben. Ein Rest der ursprünglichen Selbständigkeit ist es, dafs auf schwarzfigurigen Vasen so häufig Hephästos auf einer, Dionysos auf der andern Seite der Vase dargestellt ist. Dafs in solchen Fällen

---

δῶρον χρυσοῦν θρόνον ἀφανεῖς δεσμοὺς ἔχοντα· καὶ τὴν μὲν ἐπεί τε ἐκαθέζετο δεδέσθαι, θεῶν δὲ τῶν μὲν ἄλλων οὐδενὶ τὸν Ἥφαιστον ἐθέλειν πείθεσθαι, Διόνυσος δέ, μάλιστα γὰρ ἐς τοῦτον πιστὰ ἦν Ἡφαίστῳ, μεθύσας αὐτὸν ἐς οὐρανὸν ἤγαγεν. — Vgl. auch R. Waentig a. a. O. p. 8—13.

[1]) Es sind aufser der Françoisvase zwei rotfigurige Bilder Camp. IV 870 = Waentig p. 27 und Bulletino 1879 p. 222 = Herzog, Olymp. Göttervereine S. 20.

Dionysos den Hephästos in den Olymp zurückführe, tragen wir aus unserer Kenntnis der fertigen, jüngeren Sage in die Bilder hinein; vielmehr bildet jeder der Götter eine Darstellung für sich, die in keinem anderen Zusammenhang stehen, als wenn z. B. auf der einen Seite ein Theseus-, auf der andern ein Heraklesabenteuer dargestellt wäre. Um nur einige Beispiele herauszuheben, so steht auf der Vorderseite der Vase Br. Mus. 527 Dionysos ruhig da, Trinkhorn und Rebzweig in den Händen, und schaut wie auf zahllosen Bildern dem Treiben seiner Satyrn und Mänaden zu. Um Hephästos, der auf der Rückseite reitet, kümmert er sich gar nicht, denkt nicht daran, seinen Platz zu verlassen, um jenen zu führen. Auf der Amphore Gerhard A. V. B. XXXVIII steht Dionysos auf der einen Seite in ornamentaler Ruhe, höchstens mit seinem Löwen beschäftigt, der vor ihm sitzt, während auf der andern ruhig Hephästos seine Strafse zieht. Er findet den Weg zum Symposion auch ohne Dionysos, und was er braucht, hat er bei sich: ein Silen trägt ihm den Weinschlauch nach, ein anderer verkürzt ihm den Weg durch sein Flötenspiel, die Weinkanne aber hat er, da er die Hände nicht frei hat, sondern Hammer und Rebzweig tragen mufs, am Phallos seines Maultiers aufgehängt. Auf der Vase München 1179 fehlt endlich Dionysos ganz. Von gröfster Wichtigkeit erscheinen mir aber in diesem Zusammenhang die beiden p. 91 erwähnten Vasenbilder. Auf der Amphora nimmt Hephästos, dem ein pferdehufiger Silen voranhüpft, deutlich von Dionysos Abschied. Dieser bleibt zurück und hebt nur zum Abschiedsgrufs die Hand. Auf der Hydria kommt Hephästos von Silenen und Mänaden begleitet herangeritten und sein Freund und Bruder tritt ihm, den Becher zum Willkommen erhebend, entgegen. Der Nachklang einer Vorstellung, die Hephästos eben so gut wie Dionysos vom Thiasos umgeben dachte, par nobile fratrum, wird sich hier nicht verkennen lassen.

Noch auf den attischen schwarzfigurigen Bildern steht Hephästos dem Dionysos an Würde der Erscheinung kaum nach, von einer Überlistung im Rausche findet sich keine Spur. Vielmehr ist Hephästos ein geehrtes Glied des Komos, den die Silene ebenso gut bedienen und begleiten wie Dionysos selbst.

Als im Laufe der Entwicklung Hephästos immer einseitiger als Feuer- und Schmiedegott aufgefaſst wurde, begriff man nicht mehr, was der alte Soma trinkende Gandharve im Thiasos zu suchen habe, und im Anschluſs an alte Bildwerke erfand man die ätiologische Erzählung von der Rückführung des Hephästos.

Die Annahme, daſs Hephästos ursprünglich ein Glied des Thiasos gewesen sei, erhält eine weitere und wichtige Stütze dadurch, daſs er, auch abgesehen von der Rückführung, sich als Gefolgsmann des Dionysos findet. So wird ausdrücklich aus Eratosthenes bezeugt: ὅτε ἐπὶ Γίγαντας ἐστρατεύοντο οἱ θεοί, λέγεται Διόνυσον καὶ Ἥφαιστον καὶ Σατύρους ἐπὶ ὄνων πορεύεσθαι [1]). Vergl. Hygin II, 23: dicitur etiam alia historia de asellis ut ait Eratosthenes. Quo tempore Iupiter bello gigantibus indicto ad eos oppugnandos omnes deos convocavit, venisse Liberum patrem, Vulcanum, Satyros, Silenos asellis vectos. Beim Aufgebot der Götter gegen die Giganten erscheint also Hephästos im dionysischen Zug, zusammen mit Silenen und Satyrn und wie diese auf dem Esel reitend! Von einer Rückführung kann hier nicht die Rede sein; sie ist durch den angegebenen Zweck des Zuges, den Gigantenkampf, ausdrücklich ausgeschlossen. Besonderes Gewicht wird man ferner auf die Dekoration einer durch Griechenland, Kleinasien und Italien verbreiteten Gattung von **Feuerbecken** legen dürfen, deren Griffe durchgängig mit vegetabilischem Ornament oder mit bärtigen, maskenartig stilisierten Köpfen des dionysischen Kreises verziert sind [2]). Schon als Conze zuerst diese Geräte richtig als Feuerbecken erkannte und der Heidelberger Philologenversammlung in Abbildung vorlegte, entspann sich eine Kontroverse wie die dionysische Dekoration an dem Hephästischen Gerät zu erklären sei. Bedeutungslos kann sie nicht sein, dafür ist die Erscheinung zu konstant.

---

[1]) Robert, Eratosthenis Cataster. reliquiae p. 92.

[2]) Die Literatur über diese Denkmälergattung ist vollständig gesammelt bei Benndorf, Reisen in Lykien u. Karien p. 11. Dort sind auch die besten Abbildungen. Vgl. auſserdem Conze, Verhandlungen der Philologenversammlung in Heidelberg. Leipzig 1866. p. 139, Taf. I. II.

Die nächste Analogie bietet vielmehr eine Silensmaske, die sich auf der Münchener Vase 731 an einem Töpferofen findet (abgeb. Berichte d. sächs. Gesellschaft 1854, Taf. I, 1, darnach z. B. Blümner, Technologie II, S. 47). O. Jahn hat sie mit Recht für ein *βασκάνιον* erklärt und als zaubermächtiger Schutz für das reine Feuer waren ursprünglich gewifs auch die Masken der Kohlenbecken gedacht. Wie kommt es aber, mufs man wieder fragen, dafs sich an Ofen und *ἐσχάρα* nur dionysische Apotropaia finden, nie z. B. das sonst so unendlich viel häufiger verwendete Gorgoneion? Die erste befriedigende Antwort bieten die obigen mythologischen Ausführungen: weil die Hütung des Feuers einst den Vorfahren der Silene, den Gandharven oblag und Hephästos einer der Gandharven war! Deshalb trage ich kein Bedenken, die bisweilen vor den andern durch eine spitze Arbeitermütze ausgezeichnete Maske für ein Bild des Hephästos zu erklären und wenigstens die Frage aufzuwerfen, ob nicht vielleicht in der mit dickem Epheukranz geschmückten Maske eine Hephästosbildung vorliegt, aus der Zeit, als der Pilos noch nicht zur Charakterisierung des Gottes verwendet wurde.

Sehen wir hier Hephästos und seine dionysischen Gesellen um das Feuerbecken versammelt, so wird man es auch nicht mehr für eine Schöpfung freier Künstlerlaune, sondern für den Nachklang alter mythischer Tradition halten, wenn sich auf dem bekannten Relief des Louvre (abgeb. Jahn, Berichte 1861, Taf. IX, 8, Blümner, Technologie IV, 1, S. 366) als Gehilfen des Gottes in seiner Waffenschmiede Satyrn finden. Der eine hält einen grofsen Schild, an dem Hephästos eine Handhabe zu befestigen im Begriff ist, ein anderer poliert eine Beinschiene, ein dritter, der sich hinter dem Ofen vorbeugt, neckt einen gnomenartigen Alten, der eifrig an einem Helm arbeitet (nach Jahns Deutung Kedalion), indem er ihm die spitze Mütze vom Kopf zieht. Auf ein durch Epigramm bekanntes Kunstwerk, das einen Satyr als Waffenschmied vorstellte, hat Jahn a. a. O. p. 311 hingewiesen, und es kann auch daran erinnert werden, dafs schon auf einem rotfigurigen Bild des V. Jahrhunderts (Waentig p. 27) ein Satyr bei der Rückführung des Hephästos eine Zange und mehrere

Hämmer trägt. Da Hephästos selbst dieselben Instrumente bereits in der Hand hält, ist es wohl die nächstliegende Annahme, dafs ihn der Satyr bei der Arbeit unterstützen wird. Denn der Hammer, den Hephästos führt, war ursprünglich nichts ihm Eigentümliches, sondern kam auch andern Gandharven zu. Auf schwarzfigurigen Vasenbildern führt der Gott ein Instrument, das immer dieselbe Form hat, aber je nach der Situation als Hammer oder Doppelbeil erklärt werden mufs. Einzig das letztere kann der Gott bei Athenes Geburt brauchen, während er bei seiner Rückkehr in den Olymp natürlich sein Handwerkszeug mit sich bringt, so wenig freilich der Grobhammer uns das geeignetste Instrument scheinen will, um die kunstvollen Fesseln der Hera zu lösen. Alle diese Unklarheiten haben ihren letzten Grund darin, dafs jenes Attribut überhaupt kein zu praktischem Gebrauch bestimmtes Werkzeug ist — wie wir es thatsächlich auch niemals in Anwendung sehen — sondern ein in uralter religiöser Anschauung begründetes Symbol. Aufser Hephästos führen es Zeus in Labranda und Doliche und der in Sommersglut rasende Himmelsgott Lykurg. In der Hand des Zeus wechselt es mit dem Blitz, ist diesem also zweifellos gleichwertig und nichts Anderes als die vedische „Axt des Himmels". Je nachdem die furchtbare Götterwaffe blitzend die Luft durchschneidet oder mit Donnergetöse niederfällt, wird sie als Beil oder Hammer gefafst. Dafs gelegentlich Hephästos und die Satyrn gemeinsam den Hammer schwingen, wird erst verständlich, wenn man sich der blitzenden Gandharven erinnert[1]).

Zum Schlufs eine Einzelheit. Die Gandharven und Völundr können fliegen, und Dädalos vermag sich wenigstens gelegentlich Flügel anzulegen. Bei Hephästos ist dieser Zug in der literarischen Tradition verloren gegangen, die bildliche scheint wenigstens eine Erinnerung daran bewahrt zu haben. Bei Gerhard A. V. B. LVII erscheint Hephästos inschriftlich bezeichnet und durch Hammer

---

[1]) Als Gegenstück zu den schmiedenden Satyrn kann man gewissermafsen die Kabiren betrachten, die, obgleich in erster Linie Schmiedegottheiten, doch gelegentlich neben dem Hammer auch das Trinkhorn halten. Vgl. Welcker, Götterlehre III, 178.

und Kantharos deutlich charakterisiert, auf einem geflügelten Wagen. An die bekannte „Rückführung" wird bei dieser Einzelfigur niemand denken wollen. Vielmehr wird der Gedanke, Hephästos auf einem Flügelwagen einherziehen zu lassen, durch die alte Vorstellung von der Flugkraft des Gottes angeregt worden sein und durch die Berichte von seiner Lahmheit genährt[1]). „Vergleicht man aber diese Darstellung des Hephästos mit der des Dionysos auf dem Flügelwagen, Gerhard a. a. O. XLI, so übersieht man gewissermafsen mit einem Blick, wie nahe beide Gottheiten mit einander verwandt sind."

Diesen interessanten Ausführungen Loeschckes lassen sich nun aus der literarischen Überlieferung noch weitere hiehergehörige Züge anreihen.

Die weinliebende Silen-Gandharven-Natur des Hephästos scheint mir rudimentartig noch in der bekannten Episode der homerischen Göttersage hervorzutreten, nach welcher Hephästos im Olymp **Wein einschenkend** umherhinkt und den Göttern ein unauslöschliches Gelächter erregt[2]). Gandharven wie Silene stehen ja seit Alters in nächster Beziehung zum berauschenden Trank, sei es als Hüter und Bewahrer desselben, sei es als fröhliche Trinker. Beachtenswert ist an dieser homerischen Sage vielleicht auch der Zug, dafs der hinkende, mifsgestaltete Weinschenk den Göttern so grofse Heiterkeit erregt, dafs er hier geradezu die komische Figur im Olympos spielt. Waren doch die häfslichen, aber fröhlichen, trunkliebenden Satyrn und Silene recht eigentlich die komischen Figuren der griechischen Sage.

Hephästos und **Dionysos** gelten auch in der literarischen Überlieferung stets als nahe befreundet[3]). Ein Streit der beiden, von dem uns die Sage zu erzählen weifs, ist nicht minder charakteristisch und zeigt uns nur wieder, wie nahe sich diese zwei Göttergestalten im Grunde stehen, wie verwandtschaftlich sie sich berühren in dem, was sie sind und was sie

---

1) Über die letztere s. Näheres p. 90.
2) Il. I, 597—600.
3) Vgl. Preller a. a. O. I, p. 143.

begehren. Es heifst nämlich, dafs Dionysos und Hephästos sich um den Besitz der weinreichen Insel Naxos gestritten haben. Als Schiedsrichter fungiert bei diesem Zwiste der Kentaur Pholos, also ein alter Gandharve, — offenbar ein weiterer Hinweis dafür, in welche Sphäre diese Mythen hinein gehören [1]).

Betrachten wir weiter die äufsere Erscheinung des Hephästos, so stimmt das Innormale, Mifsgestaltete an ihm vortrefflich zu der Annahme, dafs wir es hier mit einem alten Gandharven zu thun haben. Zwar finden wir ihn in der bildenden Kunst zum Teil recht schön, ja mit einem Typus dargestellt, der ihn trotz des Handwerkerkleids als Sohn des Zeus erkennen läfst, aber diese Auffassung dürfte nach dem Obigen doch wohl eine jüngere sein, und auch nach der homerischen Stelle zu schliefsen mufs Hephästos ursprünglich recht garstig erschienen sein, sonst würde die Mutter schwerlich aus Abscheu über seine Erscheinung ihn aus dem Olymp geschleudert haben [2]). Weiter dürfte es vielleicht beachtenswert sein, dafs am Hephästos gerade seine zottige, haarichte Brust hervorgehoben wird [3]), denn starke, ja zottige Behaarung ist besonders charakteristisch für die Gandharven wie auch für die ihnen bei den Griechen entsprechenden Wesen.

Besondere Beachtung verdienen aber ohne Zweifel die Beine des Hephästos, denn in diesen liegt das augenfällig Innormale seiner Bildung. Er ist lahm, er hinkt, und zwar auf beiden Seiten. Er heifst $Κυλλοποδίων$ d. h. Krummbein, $'Αμφιγυήεις$ „auf beiden Seiten lahm" [4]); die Beine sind schwach, dünn und zart gebildet, und darum lahmt er, wie es Il. 18, 411 heifst:

$$χωλεύων, ὑπὸ δὲ κνῆμαι ῥώοντο ἀραιαί.$$

Es liegt nahe, genaueren Aufschlufs darüber, wie das Volk sich die Füfse des Gottes dachte, von der bildlichen Tradition zu erwarten. „Noch unlängst — schreibt wiederum Loeschcke

---

[1]) Vgl. Kuhn, Mytholog. Studien I, p. 153; Preller a. a. O. I, p. 143.
[2]) Vgl. Aphrodite, die den Priapos wegen seiner Häfslichkeit wegwirft.
[3]) Il. 18, 415 $στήθεα λαχνήεντα$.
[4]) S. Preller a. a. O. I, p. 141.

— hat man allerdings geglaubt, dafs die bildende Kunst die Lahmheit des Hephästos nie zum Ausdruck gebracht habe. Aber genauere Beobachtungen lehren, dafs sicher auf jonischen Vasen des VI. Jahrhunderts, wahrscheinlich auch auf einigen attischen, die Füfse des Gottes anomal gebildet sind. Auf einer der sogen. Caeretaner Localhydrien sind die Beine des zu Dionysos reitenden Hephästos auffallend krumm, beide Füfse aber geradezu verkrüppelt, indem sie zurückgebogen erscheinen[1]). Ebenso haben auf einer Amphora, die aus derselben Fabrik wie die Würzburger Phineus-Schale stammt, die Füfse des auf seinem Maultier gelagerten Gottes nicht die regelmäfsige Form, und wenigstens einer erscheint auch hier wie verbogen[2]). Die Wahrscheinlichkeit, dafs bei Gerhard A. V. B. XXXVIII der rechte, a. a. O. LVII der linke Fufs absichtlich anomal gezeichnet sei, ist hiernach recht grofs."

„Eine typische Form hat sich für die Darstellung der Verkrüppelung nicht herausgebildet, wohl aber ist allen Mifsbildungen eigen, dafs sie sich als „Verkrümmung" bezeichnen lassen. Diese Umstände machen es sehr wahrscheinlich, dafs die Vasenmaler nicht eine einheitlich und klar im Volksbewufstsein lebende Vorstellung wiedergaben, sondern jeder nach besten Kräften das epische $\kappa v \lambda \lambda o \pi o \delta l \omega v$ zum Ausdruck zu bringen suchte."

Es liegt im Zusammenhang dieser Darstellung nicht ferne, in den verkrümmten, verkrüppelten Beinen des Hephästos einen Nachklang, ein Rudiment der tierisch gebildeten Beine der alten Gandharven zu vermuten. Der Umstand, dafs dieselben Il. 18, 411 als zu dünn ($\dot{\alpha}\varrho\alpha\iota\alpha l$) bezeichnet werden, läfst uns an die Enten- und Gänsefüfse der deutschen Zwerge denken, die als Schwarzelben, wie wir weiter unten (p. 99 flg.) sehen werden, ebenfalls den indischen Gandharven entsprechen und die sich ja gerade gleich dem Hephästos durch ihre Schmiedekunst auszeichnen und in den sie betreffenden Sagen sich mehrfach deutlich mit dem

---

[1]) Die Vase befindet sich in Wien und wird in den „Antiken Denkmälern" 1887 von F. Dümmler veröffentlicht werden. Ihm verdankt Loeschcke die Zusendung einer Bause.

[2]) Früher im Besitz von A. Castellani. Wird von Loeschcke in den „chalkidischen Vasenbildern" veröffentlicht werden.

griechischen Schmiedegott berühren. Aber freilich zeigt Völundr-Wielant, der bei den Germanen am nächsten dem Hephästos entspricht (s. p. 93 flg.), nicht tierische, sondern ebenfalls nur lahme Beine, und man müfste demnach die Umbildung in die Lahmheit schon in die Zeit vor der Trennung der indogermanischen Völker verlegen; sie hätte nicht auf griechischem Boden stattgefunden.

Sind wir demnach auch nicht im stande, diese Frage nach allen Seiten hin zu klären und abschliefsend zu behandeln, so steht doch zweifellos dies Eine fest, dafs die Beine des Hephästos innormal gebildet und er somit partiell mifsgestaltet war; die ursprünglich tierische Bildung eines oder auch beider Füfse (resp. Beine) darf wenigstens als nicht unmöglich bezeichnet werden.

Jene homerische Sage, die uns berichtet, Hera habe den lahmen Sohn aus dem Olymp hinab geworfen, erzählt weiter, es hätten den armen Verstofsenen zwei Nereiden, Eurynome und Thetis, freundlich aufgenommen. Neun Jahre weilt er bei ihnen verborgen, in einer gewölbten Meeresgrotte, umrauscht von den Wogen des Okeanos, und schmiedet den freundlichen Helferinnen allerhand kunstreiche Sachen[1]), schmiedet später ja auch, bewogen durch die dankbare Erinnerung an seine Rettung, dem Sohne der Thetis, Achill, seine herrlichen Waffen. Diese nahe Beziehung zu den Nereiden, wie auch der Aufenthalt im Okeanos, würde wiederum vortrefflich zu dem alten Silen-Gandharven, dem Apsaras-Freunde, dem Bewohner des Luftmeeres, das bei den Griechen zum Okeanos geworden ist, passen.

Zu der ursprünglichen Gandharven-Natur des Hephästos pafst endlich auch recht gut der Umstand, dafs die Kunstwerke dieses Gottes wiederholentlich das Produkt einer gewissen **Arglist und Tücke** sind, wie Preller, Griech. Mythologie 3. Aufl. I, p. 149 hervorhebt. So das Netz, mit welchem er Ares und Aphrodite fängt; so der Thron, an welchen er Hera fesselt. Man wird dabei unmittelbar an die bösartigen und gefährlichen

---

[1]) Vgl. Il. 18, 394—405.

Eigenschaften, die niedrigen Züge der Tücke und Bosheit bei Gandharven und Elben erinnert[1]).

Speciell bei dem Liebeshandel der Aphrodite mit Ares spielt Hephästos ungefähr die Rolle der eifersüchtigen Gandharven im Urvaçî-Mythus, die ihre Apsaras andern nicht lange gönnen wollen. Er deckt das Liebespaar in beschämender Weise auf, so dafs die Sache ein Ende haben mufs, wobei man wohl an jenen kompromittierenden Blitz erinnern darf, durch welchen die Gandharven in der indischen Sage dem Verhältnis ein Ende machen. Dafs die Apsaras ihrem Gatten nicht treu ist, stimmt durchaus zu ihrem Charakter; ebenso aber stimmt es zum Charakter des Yâbhayishṭha, dafs er der Ungetreuen nachspürt, da er sie für sich selbst zu behalten wünscht.

Völundr-Wielant, der deutsche Hephästos.

Auch hier wird uns von germanischer Seite wichtige Belehrung zu Teil. Die Sagen von Völundr, Velint, Wielant, dem kunstreichen mythischen Schmied, dem deutschen Hephästos, treten in interessantester Weise ergänzend und aufklärend dem oben Entwickelten zur Seite. In erster Linie wichtig ist hier natürlich die Erzählung von Völundr, wie sie uns von der Edda in der Völundarkvidha berichtet wird.

Völundr und seine beiden Brüder, Egill und Slagfiðr, finden am Strande eines Sees (des Wolfsees, Ûlfsiar) drei schöne Frauen sitzen und spinnen; ihre Schwanenhemde liegen neben ihnen, es sind Valkyren-Schwanjungfrauen. Jeder von den Brüdern gewinnt eine für sich, dem Völundr aber wird Hervör zu Teil, die allwissende (alvitr), wie sie genannt wird. Sieben Winter wohnen sie glücklich zusammen, im achten werden die Weiber von Sehnsucht gequält, im neunten fliegen sie fort, um Kämpfe zu suchen[2]).

Völundr aber war der kunstreichste Mann, von dem die alten Sagen zu erzählen wissen; er schlug funkelndes Gold um

---

[1]) Vgl. Einiges derart weiter unten. Für die Elben bietet Grimm reiches Material auch in dieser Beziehung.

[2]) at vitja víga, gemäfs ihrer Natur als Valkyren.

festes Gestein und reihte die Ringe auf Lindenbast. Ihn liefs König Niđuđr, habgierig und neidisch, durch seine Mannen greifen und fesseln; er liefs ihm die Sehnen in den Kniekehlen zerschneiden. Also gelähmt und schmählich gefangen mufs Völundr dem König Kleinode schmieden. Da rächt er sich furchtbar, indem er heimlich die Söhne des Königs zu sich lockt und ums Leben bringt. Aber noch nicht befriedigt, weifs er noch empfindlicher Rache zu üben. Böđvildr, die Tochter des Königs, kommt zu dem Künstler, um einen Ring sich bessern zu lassen. Da weifs er sie listig mit Bier zu berauschen, sie sinkt in den Sessel und entschläft. Da schändet er sie und freut sich der That, durch die er sich an dem Feinde gerächt. Lachend hebt er sich auf in die Lüfte, fliegt und verkündet dem Niđuđr, was er gethan. Dann schwingt er sich wieder empor und entflieht; kummervoll blickt ihm der König nach; Böđvildr, die Arme, mufs einsam trauern.

Es ist von gröfster Wichtigkeit, dafs hier in der alten Sage der **kunstreiche Schmied** gerade mit der **Schwanenjungfrau** verbunden erscheint, die zugleich ausdrücklich als **Valkyre** bezeichnet wird. Es entspricht dieses Paar dem Hephästos mit der Aphrodite, und es läfst sich keine bessere Bestätigung denken für die von uns früher behauptete **Schwanenjungfrau-Valkyren-Natur** der griechischen Liebesgöttin. Völundr entspricht dem Hephästos auch darin, dafs ihm **die Füfse gelähmt** sind; gewaltsame Verletzung hat es beiden angethan. Wenn Völundr die arglos ihn besuchende Jungfrau hinterlistig **zu berauschen** weifs und ihr dann **Gewalt anthut**, so offenbart sich deutlich darin seine **brünstige, geile und zugleich mit berauschendem Trank in Beziehung stehende Natur** als alter Silen-Gandharve. Wir denken an Hephästos, der die **Athene verfolgt**, und zwar gerade als sie bei ihm sich Waffen machen lassen will, wie Böđvildr kommt, um ihren Ring bessern zu lassen[1]); wir denken ferner an Hephästos, den **Wein-**

---

[1]) Vgl. Kuhn, Ztschr. f. vgl. Sprachf. IV, p. 96; Grimm, Deutsche Myth. 3. Aufl. p. 351, 4. Aufl. p. 313. — Die Episode mit Böđvildr erinnert

schenken. Die halbgöttliche Natur des germanischen Schmiede-Heros wird in der Edda deutlich hervorgehoben. Er wird als „Fürst der Alfen, Elfen oder Elben" (vîsi âlfa Völ. 13 und 30) angeredet; er heifst „Elben-Geselle" (âlfa lioði Völ. 10). In die Lüfte schwingt er sich auf und fliegt dahin. Niðuðr würde ihn gerne strafen, aber er kommt ihm nicht bei und mufs dem fliehenden Feinde bekennen: „**Es ist kein Mann so hoch, dafs er dich vom Rosse nähme, noch so stark, dafs er dich niederschösse, wo du schwebst gegen die Wolken auf**" (Völ. 35). Das ist der alte Gandharve, der sich hoch oben im Luftraum bewegt, und auch die Erwähnung des Rosses ist gewifs für uns nicht ohne Bedeutung; auf Rossen reiten ja die Gandharven durch die Luft, wie dies hier von Völundr ausdrücklich gesagt wird.

Dafs auch noch in der deutschen Sage Wielant als Gesell des König Elberich erscheint, hat schon Jacob Grimm mit Recht hervorgehoben[1]).

Eine Beziehung des Völundr zu den Wasserfrauen, welche bekanntlich die alten Wolkenfrauen wiederspiegeln, liegt darin, dafs sein Vater Vâdi (ahd. Wâto, mhd. Wâte) ein Sohn der Frau Wâchilt, einer Wasserfrau oder Meerminne, gewesen sein soll[2]).

Mimir, bei welchem nach der Vilkinasaga Velint (d. i. Völundr) seine Kunst lernt, ist ein elbisches, gnomenhaftes Wesen

---

noch an einen andern Zug in der griechischen Sage. Völundr weifs hinterlistiger Weise durch schlafwirkenden Trunk die Jungfrau an den Sessel zu fesseln, dann freut er sich ihrer. Erinnert das nicht an die seltsame, nicht gerade besonders gut motivierte Fesselung der Hera an den goldenen Thron mit unsichtbaren Fesseln, den ihr Hephästos schickt? (vgl. Preller a. a. O. I, p. 143). Beide Male ist es ein Kunstwerk des mythischen Schmiedes, das den Anlafs zur Fesselung giebt; bei Böðvildr der Ring, bei Hera der Thron selbst. Die beiden Züge, die in der griechischen Sage auf Athene und Hera verteilt sind, — die Befriedigung der Brunst und die Fesselung an den Stuhl, sind in der germanischen Fassung vereinigt, und es erscheint nicht unwahrscheinlich, dafs diese Kombination das Ältere, die Trennung der Züge das Jüngere ist.

[1]) Grimm, Deutsche Myth. 1. Aufl. p. 250; 4. Aufl. p. 367.
[2]) Grimm a. a. O. 1. Aufl. p. 221.

desselben Kreises, bei dem man wohl an jenen Gnom, den wir als Gehilfen des Hephästos in bildlicher Darstellung auftreten sahen, sowie an die gnomenhaften Telchinen und Daktylen der griechischen Sage erinnern darf. Mimir hat den **Brunnen** in seiner Hut, in welchem Weisheit und kluger Sinn verborgen liegt, von welchem Odin-Wotan trinken will und um dessentwillen er sein Auge zum Pfand setzen muſs. Es ist der **himmlische Meth, den der Gandharve hütet!** Die Region, in welche all diese göttlichen oder halbgöttlichen Wesen ursprünglich gehören, ist dieselbe, — die Luft-Wind-Wolkenregion der Gandharven.

In der altdeutschen Dichtung von **Wielant** finden wir die Schwäne (resp. Schwanjungfrauen) in **Tauben** (resp. Taubenjungfrauen) umgewandelt: „Drei Tauben fliegen zu einer Quelle; als sie die Erde berühren, werden sie Jungfrauen; Wielant entwendet ihnen die Kleider und erstattet sie nicht eher, bis sich eine derselben bereit erklärt hat, ihn zum Manne zu nehmen"[1]).

Solche Umwandlung der alten Schwanjungfrauen in Taubenjungfrauen kommt auch sonst noch vor. So erscheinen im persischen Bahar Danush II, 215 flg. die Peris als Tauben, die ihre Taubengewänder ablegen und als schöne Jungfrauen baden. Der Jüngling raubt ihre Kleider und gewinnt dadurch eine zur Frau. Als dieselbe später einmal ihr Taubengewand wieder erlangt, entflieht sie, ganz ähnlich wie in den deutschen Sagen. Diese Peris aber entsprechen den alten Apsaras, den Wasserwandlerinnen, den Wolkenfrauen; die Tauben sind aus den Wasservögeln, den Schwänen, den âti's entstanden, als welche die Apsaras erscheinen[2]).

---

[1]) S. Grimm, Deutsche Mythol. 1. Aufl. p. 241; 4. Aufl. Bd. 1, p. 355.
[2]) Vgl. Benfey, Pantschatantra Th. I, p. 263. Der Bahar Danush ist nach Benfey fast durchgängig aus indischen Quellen geschöpft, und dasselbe wird man daher auch für dieses Märchen annehmen müssen. Ob die Umwandlung der Wasservögel in Tauben sich schon in Indien oder erst auf persischem Boden vollzogen hat, läſst sich nicht mit Sicherheit entscheiden, jedenfalls aber ist dieselbe der in der Wielantsage ganz analog.

Man könnte in diesem Zusammenhange wohl die Frage aufwerfen, ob nicht am Ende auch die Taube der Aphrodite durch ebensolche Umwandlung aus dem alten Schwan entstanden sein möchte? Oder ist die Taube vielleicht gar ebenso alt und als Variante des Schwans schon in der Urzeit vorhanden gewesen? Eine uralte Verbindung der griechischen Aphrodite mit der Taube (natürlich der wilden Taube) liefse sich wohl von dem Gesichtspunkte aus wahrscheinlich machen, dafs ja die Taube, nach Jakob Grimms schönem Nachweis, als Seelenvogel oder Totenvogel fungiert[1]), und als solcher würde sie aufs beste zu der Valkyre, der Totengöttin Aphrodite passen. Aber es ist auch keineswegs ausgeschlossen, dafs die zahme weifse Taube, die als aphrodisischer Vogel bei den Semiten ihrer Liebesgöttin heilig war und in historischer Zeit aus Phönizien nach Griechenland herüberkam[2]), eben wegen dieser Verbindung mit der „syrischen Aphrodite" und wegen ihrer Eigenschaft als aphrodisisches Tier auch der griechischen Göttin geheiligt wurde und in feste Verbindung mit ihr trat. Es erscheint sehr möglich, ja wahrscheinlich, dafs mehrere dieser Momente zusammenwirkten, um jene feste Verbindung zu stande zu bringen. Als Seelenvogel war vielleicht die (wilde) Taube seit Alters mit Aphrodite verbunden gewesen, und als man späterhin die (zahme weifse) Taube in den Tempeln der phönizischen Liebesgöttin dieser eng gesellt fand und sie nach Griechenland hinüberführte, leuchtete die Beziehung dieses Vogels zur Aphrodite, die man in jener Astarte wiedererkannte, auch gerade wegen seiner aphrodisischen Natur den Hellenen ein, und es war natürlich, dafs diese unmittelbar verständliche Seite des heiligen Tieres jene alte Eigenschaft als Seelenvogel ganz in Vergessenheit geraten liefs zu einer Zeit, wo Aphrodite — vielleicht mit unter dem Einflufs der phönizischen Göttin — immer mehr und mehr Liebesgöttin, immer weniger Valkyre geworden war. Es darf

---

[1]) Grimm, Deutsche Mythol. 4. Aufl. p. 690. 691. Dazu vgl. auch Enmann a. a. O. p. 68 Anm.

[2]) Vgl. Victor Hehn, Kulturpflanzen und Haustiere in ihrem Übergang aus Asien nach Griechenland und Italien, p. 238—250.

jedoch dabei nicht verschwiegen werden, dafs für die vermutete Verbindung der Aphrodite mit der Taube als Seelenvogel keinerlei direktes Zeugnis vorliegt[1]), und dafs überhaupt erst in verhältnismäfsig später Zeit jene Verbindung der Göttin mit der Taube so stark hervortritt[2]).

Doch kehren wir von dieser kleinen Abschweifung wieder zu dem elbischen Völundr-Hephästos zurück!

Der mythische Schmied und die Wolkenfrau, der mit dem Feuer hantierende, droben im Luftraum lebende Gandharve und die Apsaras-Schwanenjungfrau sind offenbar ein Paar, das schon in die Mythenwelt der indogermanischen Urzeit gehört. Aber die Schwanenjungfrau hat auch zu irdischen, sterblichen Männern Beziehungen und knüpft mit ihnen Liebesverhältnisse an, wie Urvaçî mit Purûravas, Aphrodite mit Anchises. In Völundr sind auf eigentümliche Weise beide Liebhaber, der himmlische und der irdische, verschmolzen. Er ist Elbe, das lehren nicht nur seine Wunderwerke und das Fliegen durch die Luft, sondern auch die direkte Bezeichnung vísi álfa, álfa lioði; aber die Art, wie er die Schwanenjungfrau gewinnt und wieder verliert, stimmt vielmehr mit den Geschichten von der Beziehung jener himmlischen Jungfrau zu Sterblichen, wie sie in mancher deutschen Sage sich findet und wie sie uns auch in der Erzählung von Urvaçî und Purûravas entgegentritt. Völundr ist Gandharve und Purûravas in einer Person, eine Verschmelzung, wie sie unter mythologischen Personen auch sonst wohl vorkommt und nicht gerade Wunder zu nehmen braucht.

Der Gemahl der deutschen Schwanenjungfrau erscheint als **der elbische Feuerarbeiter**, wie Hephästos, der Gemahl Aphrodite's, **der himmlische Feuerarbeiter**, der Inhaber

---

[1]) Wenn man ein solches nicht etwa in den Bildern der nackten Aphrodite mit der Taube sehen wollte, die sich in mykenischen Gräbern gefunden haben. Aber, wie mich Loeschcke belehrt, spricht hier gerade die Nacktheit eher dafür, dafs es sich um die orientalische Aphrodite handelt.

[2]) Homer und die homerischen Hymnen bieten nichts, was darauf hindeutet. Die ganze Frage bedarf nach meiner Ansicht einer besonderen Untersuchung; sie ist noch nicht spruchreif.

der himmlischen Schmiede ist¹), aus welcher Prometheus das Feuer zur Erde herabholt. Im indischen Mythus erscheint der irdische Geliebte der Apsaras-Schwanenjungfrau als Feuerbringer; als die eigentlichen Inhaber des himmlischen Feuers treten aber auch hier die himmlischen Gatten der Apsaras, die Gandharven hervor, von welchen Purûravas erst den Agni erhält, um ihn zur Erde hinunter zu bringen²).

Elben und Gandharven.

Völundr ist ein Elbe, ein Elbenfürst, die Elben aber sind halbgöttliche Wesen, welche sich mit den Gandharven aufs nächste berühren und auch mit den entsprechenden griechischen Fabelgestalten vielfach zusammentreffen. Es würde über die der vorliegenden Abhandlung gesteckten Grenzen hinausgehen, wenn ich diese Parallele nach allen Richtungen hin ausführen wollte; eine Andeutung der wichtigsten hier in Betracht kommenden Punkte dürfte jedoch wohl am Platze sein.

Die Elben sind zunächst gleich den Gandharven und Apsarasen Bewohner der Luft, aber ein grofser Teil von ihnen hat sich in irdischen Regionen unter mancherlei Gestalt angesiedelt; in Höhlen und Bergen — das sind die Schwarzelben oder Zwerge³); in verschiedenen Gewässern — das sind die Nixe; in den Wäldern — das sind die Waldleute, das wilde Volk und wie sie sonst heifsen.

Die schönen und lichten Elben, die Luftbewohner, in leuchtendes Gewand gekleidet, sind vorzugsweise weiblich gedacht, während den männlichen solche Schönheit sich meist nicht nachrühmen läfst. Die Elbinnen, aus denen sich später die Feen entwickeln, treten oft mit Sterblichen in ganz ähnliche Beziehungen wie die Apsaras-Schwanjungfrauen, und gleich diesen

---

¹) Erst später wird die Esse des Hephästos unter die Erde verlegt, offenbar als man mit vulkanischen Erscheinungen bekannt wurde.

²) Andrerseits gilt Purûravas, wie wir gesehen haben, auch als Erzeuger des Feuers (Âyu).

³) Für die Gleichung Schwarzelben = Zwerge vgl. Grimm, Deutsche Mythol. 4. Aufl. p. 369. Die Zwergnamen Alfr, Gandâlfr, Vindâlfr bezeichnen die Betreffenden geradezu als Elben; vgl. Grimm a. a. O. p. 375.

gelten sie als höchstes Ideal der Anmut und Schönheit[1]). Dahingegen die männlichen Elben vielfach sehr garstig erscheinen, teils behaart und struppig wie Bilwiz und Scrat[2]), die wilden Leute, Waldleute u. a. m.; teils mifsgestaltet, mit Höckern u. dgl. m. wie die Zwerge[3]), welche übrigens auch durch lange Bärte ausgezeichnet sind.

Die Zwerge, welche meist nur männlich erscheinen, werden auch teilweise tierisch oder doch mit tierischen Gliedmafsen versehen gedacht, denn die Sagen erzählen uns, dafs sie Gänse-, Enten- und Geifsfüfse haben[4]), und die Entdeckung solcher Ungestalt von seiten vorwitziger Menschen erfüllt sie mit bittrem Weh und Leid und hat sie veranlafst, schon manche Gegend, in der sie früher segensreich gewirkt, traurig zu verlassen. Für die Gänse- und Entenfüfse hat schon Jacob Grimm an die Schwanjungfrauen (und die Königin Berhta) erinnert (d. i. an die Apsaras); die Geifsfüfse aber gemahnen an die Pane, die griechischen Gandharven[5]).

Die Wasserelben, die Nixe (nihhus, nichus, nicker, näkk u. dgl. m.) zeigen wiederum vielfach Pferdegestalt; sei es nun, dafs sie geradezu als Pferde auftreten, sei es auch, dafs sie oben

---

[1]) „Das ags. älfsciene schön wie Elben, leuchtend wie Engel, altn. frið sem álfkona, drückt den Gipfel weiblicher Schönheit aus." Grimm, Deutsche Mythol. 4. Aufl. p. 371. Auch in gallischen Überlieferungen überwog die Vorstellung weiblicher Feen. Grimm a a. O. p. 374. — Über die Elbin als Apsaras-Schwanjungfrau s. Grimm a. a. O. p. 382. Kuhn, Myth. Studien I, p. 80 ff.

[2]) Vgl. Grimm a. a. O. p. 396. Der Scrat oder Schrat ist ein wilder, rauher, zottiger Waldgeist, dem lat. Faun und griech. Satyr, auch dem Silvanus (Liv. 2, 7) vergleichbar; s. Grimm a. a. O. p. 397. In Fassa stellte man sich die Salvegn (d. i. Silvani), welche gerne Kinder abtauschten, von Ansehn wie grofse Affen vor, stark haarig und mit langen Nägeln an den behaarten Fingern; s. Mannhardt, Wald- und Feldkulte II, p. 127. Vgl. auch die Pilosi des Mittelalters, z. B. den Pilosus, von welchem der Mönch von St. Gallen im Leben Karls des Grofsen erzählt: „ein spielender, fröhlicher, tanzender, launiger Hausgeist, rauh und haarig anzusehen"; (Grimm a. a. O. p. 398).

[3]) Vgl. Grimm a. a. O. p. 371. 372.

[4]) Vgl. Grimm a. a. O. p. 372. 373. Mannhardt a. a. O. I, p. 79. 152.

[5]) Man erinnere sich auch der Apsaras-Elbin, die eigentlich Geifs ist; desgl. der eigentümlich gestalteten Beine des Hephästos.

menschlich, unten wie Pferde gebildet sind[1]). Wir werden durch diese Gestalt unmittelbar an die mit dem feuchten Element in Beziehung stehenden Gandharven-Kentauren-Silene erinnert, die uns ja gerade als Pferdedämonen in mancherlei Variation bekannt sind. Bisweilen erscheint übrigens auch der Nix in der Gestalt eines **rauhhaarigen wilden Knaben**[2]), und auch hierfür begegnet uns eine deutliche Parallelgestalt bei den Indern in einem Gandharven, der im Atharvaveda als ein **ganz behaarter Knabe** (kumâra sarvakeçaka) bezeichnet wird[3]).

Um die sogen. **wilden Leute** oder **Waldleute** (d. h. **Waldelben**) bei den germanischen (wie auch bei slavischen und romanischen) Völkern hat sich W. Mannhardt in seinem Buche über „Wald- und Feldkulte" Bd. II ein grofses Verdienst erworben, indem er die Übereinstimmung und ursprüngliche Identität derselben mit den griechisch-römischen Kentauren, Kyklopen, Silenen, Satyrn, Panen, Faunen und Silvanen bis ins Detail hinein klargelegt und bewiesen hat[4]). Wer die Gandharven und ihre Genossen kennt, der wird in Mannhardt's Schilderungen der „wilden Leute" diese indischen Wesen sogleich wiedererkennen, sowenig der verdiente Forscher auch an solche Zusammenstellung gedacht haben mag. **Von Kopf bis zu Fufs sind die Waldgeister mit Moos oder mit rauhen, zottigen Haaren bewachsen; ihr langes Haupthaar fliegt im Winde; zuweilen erscheinen sie in Tiergestalt; ihre Umfahrt im Wirbelwinde wird als Brautzug aufgefafst; sie sind lüstern und weiberliebend**[5]); und ihre Liebe zu be-

---

[1]) Vgl. Grimm a. a. G. p. 405—407.

[2]) Vgl. Grimm a. a. O. p. 406.

[3]) S. AV 4, 37, 11. Dazu vgl. man auch die oben in der Anmerkung p. 100 erwähnten kindertauschenden romanischen Waldgeister, die wie grofse Affen gestaltet waren.

[4]) Vgl. Mannhardt a. a. O. II, p. 152. 200. 204. Mannhardt verkannte übrigens auch den Zusammenhang dieser Wesen mit den Zwergen, Kobolden, Mahren u. dgl. m. nicht (s. a. a. O. p. 204), obgleich nach dieser Richtung hin verhältnismäfsig wenige Andeutungen bei ihm vorliegen.

[5]) Vgl. Mannhardt a. a. O. p. 39.

rauschendem Getränk tritt deutlich hervor in der Geschichte von dem Waldgeist, der (gleich dem griechischen Silen) durch Berauschung mit Wein gefangen und ausgefragt wird¹).

Mannhardt will zwar diese „wilden Leute" als ursprüngliche Baumseelen oder Pflanzenseelen angesehen wissen, aber er betont selbst wieder und wieder, dafs diese nordeuropäischen Baum- und Waldgeister (resp. auch die Korndämonen) „in Sturm und Wirbelwind ihr Leben kundthun"²), und damit trifft er ganz und gar ihr ursprüngliches Wesen. Er erkennt richtig, dafs die von ihm mit den „wilden Leuten" in überzeugender Weise zusammen gestellten Kentauren ihrer Natur nach „Windgeister, Dämonen des Sturmes und Wirbelwindes" sind³). Er sagt ebenso vom Ljeschi, dem russischen Waldgeist, er äufsere „sein Leben im Winde oder Sturm, zumal beim Wirbelwinde. Im Sturm fährt er daher, wie Silvanus und die Kentauren mit einem entwurzelten Baumstamm bewaffnet" u. s. w.⁴). Dasselbe gilt für die entsprechenden deutschen Wesen. „Im Wirbelwinde fliegen die Buschjungfern"⁵). „Der Gemahl der Fangga [d. i. des Waldweibes in Tirol] ist der wilde Mann, der riesenhaft einen mächtigen entwurzelten Baumstamm in der Hand tragend im Sturm durch die Lüfte fährt. Auch die Fangga äufsert ihr Leben im Wirbelwind"⁶). Desgleichen machen sich die verwandten Korn- und Feldgeister „im Windeswehen bemerkbar"⁷). Von den Kentauren gesteht Mannhardt a. a. O. p. 201 selbst zu, dafs „nur geringe Spuren" bei ihnen auf einen Zusammenhang mit der Vegetation hindeuten; „vielmehr drängt sich die Beziehung zu Wind und Wetter so in den Vordergrund, dafs man sie geradezu als Personifikationen von Wirbelwinden und Stürmen aufzufassen versucht sein könnte. Allein — fährt er fort — diese Thatsache steht in keinem Widerspruch zu unserer Behauptung. Kein Stück im ganzen Kreise unserer Untersuchungen ist sicherer begründet, als dieses, dafs sowohl die

---

[1]) Mannhardt a. a. O. p. 150. [2]) Mannhardt a. a. O. p. 37. 32. 152.
[3]) Mannhardt a. a. O. p. 89. [4]) Vgl. Mannhardt a. a. O. p. 145.
[5]) Mannhardt a. a. O. p. 147. [6]) Mannhardt a. a. O. p. 148.
[7]) Mannhardt a. a. O. p. 155.

Baumgeister und Waldgeister, als auch die Korndämonen im Wetter und vorzüglich im Windwirbel ihr Leben äufsern. Der vom Donner verfolgte Wirbelwind ist zugleich Baumelf. Und auch bei den Korndämonen tritt die Windnatur oft so stark hervor, dafs sie auf den ersten Augenblick die Hauptsache, der Grundbegriff zu sein scheinen kann" u. s. w.

Man sieht, dafs diese Auffassung derjenigen von E. H. Meyer und der unsrigen, nach welcher Gandharven, Kentauren, Silene, Pane und die dazu gehörigen germanischen Elben ursprünglich Wind- und Wetterdämonen sind, sich sehr nähert und derselben eigentlich nur noch neue Stützen giebt. Von den Pflanzenseelen kommt man nicht so leicht zu den Wirbelwinden und den Kentauren. Wenn dagegen — wie wir glauben — die Gandharven und Elben ursprünglich Wind- und Wetterdämonen waren, so konnten sie leicht auch in Wald und Feld heimisch werden. Wenn es im Walde brauste und stürmte, wenn der Wind die Bäume entwurzelte, dann hausten eben Winddämonen im Walde; und auch im leisen Rauschen der Bäume, ja im Rauschen der Ähren des Ackers gaben sich solche zu erkennen.

Für die Erkenntnis des ursprünglichen Wesens der Zwerge ist Grimms Bemerkung von Wichtigkeit, dafs dieselben von jeher schon in der Sprache „als wehende, blasende Wesen erschienen"[1]). Man vgl. Zwergnamen wie Gustr, d. i. Flatus; Austri, Vestri, Norðri, Suðri, — die Namen der vier Hauptwinde; Vindâlfr der Windelbe u. dgl. m. Also auch diese Gruppe der Elben weist auf ursprünglichen Wind-Charakter und stimmt zu der oben entwickelten Ansicht von der Windnatur der Elben--Gandharven.

Alle Elben haben — nach Grimms Ausdruck — **unwiderstehlichen Hang zu Musik und Tanz**[2]), gerade wie Apsaras und Gandharven, wie die Nymphen und ihre Gefährten. Es gilt dies für die Bewohner der Lüfte so gut wie für die des Wassers

---

[1]) Vgl. Grimm a. a. O. p. 382.
[2]) Vgl. Grimm a. a. O. p. 389. Nachträge p. 136.

und der Wälder¹). Es ist dies einer der hervorstechendsten Züge und einer der wichtigsten Vergleichungspunkte. Tanz und Musik der Elben sind ursprünglich aber gewifs wohl auch nichts Anderes als das Wirbeln, Rauschen, Pfeifen und Blasen der Winde und Stürme.

Das Hochzeithalten spielt bei den Zwergen in der deutschen Sage, wie bekannt, eine wichtige Rolle²), desgleichen bei den Waldelben³), gerade wie dies nach E. H. Meyer's Darlegungen in der Gandharven- und Kentaurensage der Fall ist⁴).

Elben und Zwerge bilden ein Volk⁵), sie haben einen Herrscher, einen König, und zwar ist dies fast immer ein König der schwarzen, häfslichen Elben⁶), wodurch wir an den indischen Gandharvenkönig erinnert werden. Bei den Lichtelben wird dagegen für gewöhnlich eine Königin erwähnt⁷).

Die Elben sind freundlich und gutmütig, aber sie können auch bösartig und gefährlich sein, eine Doppelheit des Wesens, die auch den Gandharven eigen ist⁸). Vielfach schaden sie den Menschen und necken dieselben. Ihr Hauch, ihre Berührung kann Schaden bringen, ihr Schlag vor allem ist gefährlich und zieht Geistesverwirrung nach sich. Blödsinnige,

---

¹) Über die Liebe der Wasserelben zu Tanz, Gesang und Musik vgl. Grimm a. a. O. p. 407; über die bezaubernde Musik des Strömkarl p. 408. Von den tschechischen Waldjungfern oder wilden Weibern heifst es, dafs sie die Musik lieben und in der Luft leidenschaftliche Tänze ausführen. In Rufsland, im Archangelschen gelten die Wirbelwinde als Hochzeitstänze der Waldgeister (Ljeschi). Vgl. Mannhardt a. a. O. p. 146. 147. Wind und Sturm sind an und für sich oder unter dem Bilde von Tanz und Musik gefafst die Lebensäufserung nordeuropäischer Baum-, Wald- und Korngeister. S. ebenda p. 32.

²) Vgl. Grimm a. a. O. p. 378. Nachtr. p. 131.

³) In Rufsland gilt der Wirbelwind als die Hochzeit des Waldgeistes und der Tanz desselben mit seiner Braut; s. Mannhardt a. a. O. I, 143; II, 96. In Masuren sagt man beim Wirbelwind „der Teufel fährt zur Hochzeit" (ebenda II, 96).

⁴) In der mehrerwähnten Arbeit „Gandharven-Kentauren".

⁵) Grimm a. a. O. p. 374.   ⁶) Grimm a. a. O. p. 374. 375.

⁷) Grimm a. a. O. p. 374.   ⁸) Vgl. E. H. Meyer a. a. O. p. 100.

geistesschwache Menschen heifsen darum elbentrötsch, auch wohl einfach elbisch; die Elben haben es ihnen angethan[1]). Damit vergleicht es sich unmittelbar, dafs bei den Indern gandharvagṛhīta „von den Gandharven ergriffen" die Bedeutung von „besessen" hat[2]); ebenso dafs Apsaras und Nereiden Geistesverwirrung bewirken[3]).

Schädliche Wirkung üben die Elben auch durch den bösen Blick[4]); ebenso stehlen sie Kinder und vertauschen sie durch sogen. Wechselbälge[5]).

Mit den Silenen haben die Elben die Gabe der Weissagung gemein[6]), und merkwürdig stimmen zu den bekannten klassischen Erzählungen, in denen ein Silen oder Faun durch Berauschung gefangen und zur Mitteilung seiner Weisheit gebracht wird, deutsche Volkssagen von wilden Leuten oder Waldleuten[7]).

An das flinke Springen der Satyrn und Pane erinnert das rasche Umherspringen der Zwerge auf den Bergen und an den steilen Wänden[8]).

Sehr merkwürdig gemahnt der oft gehörte Klageruf der Zwerge: „Der König ist tot!" oder „Urban ist tot!" u. dgl. m.[9]) an den nach der sagenhaften Erzählung bei Plutarch in der Einsamkeit der Natur gehörten Ruf: „Der grofse Pan ist tot!"[10])

---

[1]) Grimm a. a. O. p. 381. 366. Wer den Weg der Elben kreuzt, wird krank oder irrsinnig, Mannhardt a. a. O. II, 36; I, 62. 126. 140.

[2]) E. H. Meyer a. a. O. p. 20.   [3]) Vgl. oben p. 66.

[4]) Grimm a. a. O. p. 382.

[5]) Grimm a. a. O. p. 387. Das Kinderrauben oder -tauschen thun auch die römischen und romanischen Waldelben (Silvani, Salvanel u. dgl.) vgl. Mannhardt a. a. O. II, p. 124—127. Gandharvische Wesen verwandeln die Knäblein in Mädchen; vgl. E. H. Meyer a. a. O. p. 16.

[6]) Vgl. Grimm a. a. O. p. 389. 390. Preller a. a. O. I, p. 601.

[7]) S. Mannhardt a. a. O. II, p. 150.

[8]) Grimm a. a. O. p. 376. Preller a. a. O. I, p. 600. 611 flg.

[9]) Vgl. Grimm a. a. O. p. 375. Nachtr. p. 129.

[10]) Vgl. Preller a. a. O. I, p. 616; Plut. de def. orac. 17; auch Mannhardt a. a. O. II, p. 133. 134. Für das Alter der Elben sind interessant die Aussagen der entlarvten Wechselbälge: „Nun bin ich so alt wie der Westerwald" oder „Ich habe dreimal jungen Wald auf Tisö gesehen"; „Ich bin 1500 Jahre auf der Welt"; „Ich bin so alt wie der Böhmerwald"

Ja, specieller noch ist die Übereinstimmung in gewissen Erzählungen von wilden Leuten oder Waldleuten (d. i. Waldelben), die Mannhardt mitteilt. Wie in jener Geschichte des Epitherses bei Plutarch wird ein zufällig vorüber kommender Mensch damit beauftragt, die Ankündigung des Todes („die Hochrinde ist tot!" oder „Salome ist gestorben!") an einem bestimmten Orte auszurufen, und auch hier, wie in der griechischen Erzählung, vernimmt man (wenigstens in der Geschichte von Salome) als Antwort ein vielstimmiges Wehklagen und Jammern [1]).

Unter den Elben sind uns hier vor allem die Zwerge wichtig, denn diese schmieden Kleinode und Waffen, und deutlich berühren sich gewisse Sagen von Hephästos mit den Sagen von diesen schmiedenden Zwergen, mögen dieselben nun Wielant heifsen oder nicht.

Wichtig ist namentlich die Sage, welche uns der Scholiast des Apoll. Rhod. (4, 761) von den vulkanischen Inseln bei Sicilien nach Pytheas berichtet. Man konnte dort — so hiefs es seit Alters — Eisen hinlegen und andern Tages kommen, um sich abzuholen, was man gearbeitet wünschte, ein Schwert oder auch etwas Anderes, und brauchte dann nur die Bezahlung hinzulegen. Man schlofs daraus, dafs dort Hephästos hause und diese Arbeit mache [2]).

Germanische Sagen entsprechen dem ganz genau. So soll in England in Berkshire, nicht weit von White horse hill, in

---

u. dgl. m. Grimm a. a. O. p. 388; Nachtr. 136. Man vgl. damit die Angaben über das Alter der Nymphen, das ebenfalls an Bäume angeschlossen wird, h. Hom. 3, 261—273.

[1]) In der Geschichte von der Hochrinde wird eine einzelne Person dadurch von dem Tode ihrer Mutter benachrichtigt und verschwindet wehklagend (es ist eine Elbin). Vgl. Mannhardt a. a. O. II, p. 148. 149.

[2]) Schol. zu Apoll. Rhod. IV, 761: Ἐν τῇ Λιπάρᾳ καὶ Στρογγύλῃ (τῶν Αἰόλου δὲ νήσων αὗται) δοκεῖ ὁ Ἥφαιστος διατρίβειν· δι' ὃ καὶ πυρὸς βρόμον ἀκούεσθαι καὶ ἦχον σφοδρόν. τὸ δὲ παλαιὸν ἐλέγετο, τὸν βουλόμενον ἀργὸν σίδηρον ἐπιφέρειν καὶ ἐπὶ τὴν αὔριον ἐλθόντα λαμβάνειν ἢ ξίφος ἢ εἴ τι ἄλλο ἤθελε κατασκευάσαι, καταβαλόντα μισθόν· ταῦτά φησι Πυθέας ἐν γῆς περιόδῳ, λέγων καὶ τὴν θάλασσαν ἐκεῖ ζεῖν. Vgl. Grimm a. a. O. p. 390. Kuhn, Ztschr. f. vgl. Spr. IV, p. 96.

der Nähe von Ashdown, bei einem alten Steindenkmal ehemals ein unsichtbarer Schmied, Wayland-smith mit Namen, gehaust haben. „Wenn eines Reisenden Pferd ein Hufeisen verloren hatte, so brauchte man es blofs dorthin zu bringen, ein Stück Geld auf den Stein zu legen und auf eine kurze Zeit sich zu entfernen. Kam man zurück, so war das Geld weg und das Pferd neu beschlagen[1]." Dazu stimmen ganz genau niedersächsische Sagen. Ein Mann zu Roxel bei Münster erzählte: „Grinkenschmied habe im Berge bei Nienberge, etwa eine Meile von Münster, gewohnt und den Leuten alles, was sie ihm gebracht hätten, geschmiedet; sie haben nur das Eisen an einen gewissen Ort zu legen brauchen, dann hat am andern Tage das Werkzeug da gelegen und daran ist gar kein Vergang gewesen"[2]. Dieselbe Sage findet sich noch an einer ganzen Reihe von andern Orten wieder[3].

Wielant ist schmiedender Zwerg und Hephästos zugleich[4]. In ihm und einigen andern verwandten Gestalten mythischer Schmiede berührt sich elbisches (zwergenartiges) und heroisches Wesen. So scheinen nach Grimm auch Miming, ein silvarum satyrus, und Witugouwo (Wittich), der „Silvicola", kunstreiche schmiedende Schrate und Helden zugleich[5].

Ursprünglich war, wie man vermuten mufs, die Schmiedeesse auch dieser schwarzelbischen mythischen Künstler droben im Luftraum, wie die Schmiede des Hephästos, von welcher Prometheus den Funken holte. Einen Anhalt für diese Annahme bietet die nahe Verbindung der kunstreichen Elben mit dem Donnergotte, dem sie nach Grimms sehr wahrscheinlicher Vermutung seine Keile schmieden[6]), ein Geschäft, das ursprünglich wohl

---

[1]) Vgl. Grimm, Heldensage p. 323. Kuhn, Ztschr. f. vgl. Spr. IV, 97.
[2]) Kuhn, Ztschr. f. vgl. Spr. IV, 97.
[3]) Vgl. über diesen ganzen Sagenkreis namentlich Kuhn, Ztschr. f. vgl. Spr. IV, p. 97 ff.; auch Grimm, Deutsche Myth. 4. Aufl. p. 390; Preller a. a. O. I, p. 147. 148.
[4]) Vgl. Grimm, Deutsche Mythol. 4. Aufl. Nachtr. p. 137.
[5]) Vgl. Grimm a. a. O. 4. Aufl. p. 399. Auch 312. 313. 314. 335. 370.
[6]) Grimm a. a. O. p. 156. 381. Der Donnerkeil heifst Alpgeschofs, Elbschofs.

auch dem Hephästos oblag. Wenigstens waren seine Genossen und Gehülfen, die Kyklopen, die man später nach dem griechischen Volksglauben mit ihrem Herrn und Meister zusammen auf der Hephästos-Insel bei Sicilien bei der Arbeit rasseln und toben hörte[1]), nicht nur ursprünglich, wie man lange schon erkannt hat, droben in der Wolken- und Wetterregion zu Hause[2]), sondern es wird auch ausdrücklich von ihnen gesagt, dafs sie dem Zeus Blitz und Donner schmieden[3]).

Das Gesagte wird wohl genügen, um zu zeigen, dafs wir auch von der germanischen Seite her auf den Zusammenhang des Hephästos mit Gandharven und Satyrn-Silenen hingewiesen werden.

Mit den Elben hat aber Kuhn ohne Zweifel mit Recht die kunstreichen Ṛibhu's der Inder zusammengestellt[4]). Schon der Name fällt ursprünglich zusammen, und weiter berühren sich diese indischen Luftgenien durch ihre hohe Kunstfertigkeit mit den schmiedenden, künstlerischen Elben. Ṛibhu's und Elben gehören zusammen, nur dafs die deutsche Bezeichnung sehr viel umfassender ist, die indische beschränkter, mag nun Erweiterung auf der einen, oder Verengerung des Begriffes auf der anderen stattgefunden haben. Sie stehen sich in dieser Beziehung ähnlich gegenüber wie Gandharven und Kentauren. Die Ṛibhu's, denen sich weiter auch noch die Marut's, die Sturmgötter, anschliefsen, bilden mit den Gandharven zusammen ursprünglich eine grofse Gruppe alter Wind- und Wetterdämonen, welche sich später auf verschiedene Art differenziert hat, worüber man namentlich die vortrefflichen Ausführungen Elard Hugo Meyers in der Zeitschrift für Deutsches Altertum, f. d. J. 1887 p. 31 flg. vergleichen mag[5]).

Die alten Wind- und Wetterdämonen hörte man bald in wildem Zuge dahin brausen und stürmen, bald glaubte man sie

---

[1]) Vgl. Preller a. a. O. I, p. 147.
[2]) Vgl. Preller a. a. O. I, p. 42. 95. 515.
[3]) Vgl. Preller a. a. O. I, p. 49. 95. 425.
[4]) Vgl. Kuhn, Ztschr. f. vgl. Sprachf. IV, p. 103. 109 flg.
[5]) Über die Zusammengehörigkeit der Ṛibhu mit den Marut vgl. auch Kuhn, Ztschr. f. vgl. Spr. IV, p. 102. 115. 116.

bei Blitz und Donner oben in einer himmlischen Esse zu hören, bald dachte man sie droben tanzend, mit den Wolken spielend, blasend, pfeifend, musicierend u. dgl. m. Das Stürmen und Dahinbrausen verblieb vornehmlich den Marut's, das Arbeiten in der Schmiede den Ṛibhu's, und die zahlreichen sonstigen Handlungen und Erscheinungsformen, das Tanzen und Musicieren, das Spielen mit den Apsaras und vieles Andre, namentlich auch die nähere Beziehung zu den Menschen, fiel den Gandharven anheim.

In der griechischen Mythologie ist das Hinjagen und Stürmen den Kentauren, Silenen, Satyrn und Panen zugefallen, das Musicieren, Tanzen u. s. w. ebenfalls. Das Schmieden und künstlerische Arbeiten haben Hephästos und seine Genossen geerbt. Hephästos ist bedächtig und ruhig geworden; er lebt in stiller Werkstatt der Ausübung seiner Kunst; dafs aber auch er ursprünglich zur Schar jener Stürmer und Dränger gehört, das lehrt uns — um wieder zum Ausgangspunkt dieser Betrachtung zurückzukehren — sein Erscheinen im bakchischen Thiasos.

Dädalos und Hephästos.

Noch müssen wir eines mythischen Künstlers gedenken, der mit Hephästos vielfach verwandt, auch geradezu mit ihm identificiert worden ist. Hephästos wird $\Delta αίδαλος$ genannt[1]). Da aber dieser Name, von $δαιδάλλω$ abgeleitet, Künstler oder Bildner bedeutet, so kann derselbe dem Schmiedegott auch in appellativischer Bedeutung beigegeben worden sein, und braucht man darum den Dädalos nicht als ursprünglich mit Hephästos identisch und durch Teilung oder Abspaltung aus ihm entstanden anzusehen. Er kann vielmehr sehr wohl eine Parallelgestalt sein, wie Nemesis neben Aphrodite; kann neben Hephästos in die Urzeit zurückreichen; und dies gewinnt um so mehr Wahrscheinlichkeit, als ja die Sage auf diesem Gebiete, der Wolken-Wasser-Region, offenbar einander ähnliche Gestalten in ganzen

---

[1]) Vgl. Preller a. a. O. I, p. 148; Kuhn, Ztschr. f. vgl. Spr. IV, 96.

Scharen oder doch wenigstens in der Mehrzahl zu schaffen liebte, wie die Apsaras, die Gandharven, Ṛibhu's, Marut's und andere beweisen. Dädalos aber zeigt sich auch von Hephästos darin unterschieden, daſs er nicht sowohl Schmied, als vielmehr Bildhauer und Baumeister ist. Wie alt diese Unterscheidung sein mag, lasse ich dahingestellt sein; nur darauf möchte ich dabei hinweisen, daſs die Kyklopen, welche uns auch als Gehülfen des Hephästos begegnen, zugleich Schmiede und berühmte mythische Baumeister sind[1]), was wohl am Ende dafür sprechen dürfte, daſs auch ihr Herr und Meister ursprünglich diese beiden Thätigkeiten in sich vereinigte.

Deutlich berührt sich Dädalos in seinen Arbeiten darin mit Hephästos, daſs er Bilder schuf (es waren Schnitzbilder, ξόανα), denen eine Art dämonisches Leben innewohnte, die die Glieder, die Augen bewegten u. dgl. m.[2]). Man wird dadurch unmittelbar an die goldenen Mägde erinnert, welche Hephästos sich gebildet und auf die sich bei Homer der Lahme beim Gehen zu stützen pflegte[3]).

Mit den Ṛibhu's berührt sich Dädalos, wie Kuhn zuerst bemerkt hat, in dem Erschaffen einer Kuh. Es heiſst von den Ṛibhu's, daſs sie aus der Haut eine Kuh geschaffen haben, und diese Kuh wird als die allgestaltige (viçvarûpâ) bezeichnet. Ähnlich bildete Dädalos für Pasiphae eine hölzerne Kuh, die er mit einer Kuhhaut bekleidet, um den Stier des Poseidon herbeizulocken[4]). Wie dieser Mythus weiter zu verstehen, wer oder was insbesondere die Kuh sein soll, kann hier unerörtert bleiben.

Die griechische Sage erzählt ferner, Dädalos habe den Tanzplatz (χόρος) der Ariadne geschaffen[5]). Diese letztere ist eine

---

[1]) Vgl. Preller a. a. O. I, p. 514. 515. 425. 42. 95. 147.
[2]) Vgl. Preller a. a. O. II, p. 497.
[3]) Il. 18, 417 ff. Preller a. a. O. I, 142. Man vgl. den Zwerg Pacolet, der ein hölzernes Pferd bildet, auf dem man durch die Luft reitet. Grimm, Deutsche Mythol. 4. Aufl. Nachtr. p. 137.
[4]) Vgl. Kuhn, Ztschr. f. vgl. Spr. IV, p. 112. 113.
[5]) Vgl. Preller a. a. O. II, p. 497.

alte Apsaras und gehört mit Dionysos, dem Anführer der alten Windgötter, zusammen¹). Es handelt sich hier also wohl um den altberühmten himmlischen Tanzplatz der Windgötter und der Apsarasen, von deren Tänzen so oft die Rede ist. Wenn es ferner heifst, dafs Dädalos der Aphrodite, also einer Apsaras, auf dem Berge Eryx eine goldene Honigscheibe als Weihegeschenk verfertigt²), so wird man dadurch an den Meth der Apsaras-Gandharven erinnert³). Deutlich aber berührt sich endlich, wie mir scheint, Dädalos mit den Gandharven darin, dafs er der Schöpfer von allerlei kunstvollen Bauten ist, unter welchen das Labyrinth des Minos wohl am berühmtesten sein dürfte⁴). Denn von den Gandharven gerade wird das rasche Aufführen grofser Bauten, Schlösser, Städte u. dgl. m. berichtet, was E. H. Meyer wohl mit Recht auf das rasche Auftürmen des Gewölkes durch die Winde deutet⁵).

Die elementare Macht dieses gandharvischen Bauens kommt vielleicht noch deutlicher zum Ausdruck in den Kyklopen der griechischen Sage, den riesischen Baumeistern, welche aus Lykien, dem Lichtlande (d. h. der Himmelsregion), stammen und gewaltige Felsmassen zusammen schleppen, Mauern auftürmen, Dämme bauen u. dgl. m.⁶). In Dädalos erscheint solche Kunst schon bedeutend verfeinert und kultiviert.

Berührt sich Dädalos in dem Bauen mit den Gandharven, wie oben in dem Schaffen einer Kuh mit den Ṛibhu's, so liegt

---

¹) Dafs Dionysos selbst ein alter Windgott ist und mit dem indischen Vâta-Rudra, dem deutschen Wotan, dem Anführer des wütenden Heeres zusammenfällt, soll in der nächstfolgenden mythologischen Studie dargethan werden.

²) Diod. 4, 78.

³) Honig und Meth ist dasselbe; man vgl. die Namen für beide in den indogermanischen, namentlich auch in den slavischen Sprachen.

⁴) Vgl. Preller a. a. O. II, p. 498. Solche kunstvolle mythische Baumeister waren auch Trophonios und Agamedes; vgl. Preller a. a. O. II, p. 498 flg. Auch sie waren ursprünglich wohl Gandharven. Über die Kyklopen vgl. weiter oben im Texte.

⁵) Vgl. E. H. Meyer, Gandharven-Kentauren p. 150.

⁶) Vgl. Preller a. a. O. I, p. 514.

darin, wie mir scheint, ein weiterer Hinweis auf die Zusammengehörigkeit dieser Dämonengruppen.

„Labyrinth" wird altnordisch durch „Völundarhûs" wiedergegeben[1]), und dies leitet uns weiter zu den Übereinstimmungen der Sagen von Dädalos und Völundr-Wielant. Die Einschliefsung des Völundr bei dem feindlichen König, der ihn für sich arbeiten läfst, sowie der Flug durch die Lüfte findet sich schon in der älteren Edda, in der Völundarkvidha vor, und diese Züge stimmen merkwürdig zu der Einschliefsung und dem Wegfliegen des mythischen Künstlers bei den Griechen. Die spätere Sage fügt die genauere Erzählung von der Verfertigung eines künstlichen Federhemdes, vom Versuch des Fliegens und dem Sturze des Bruders Eigil, der sich dem Sturze des Ikaros vergleicht, hinzu[2]). Dafs die Grundzüge dieser Sage bei den Germanen alt sind, dafür scheint mir die eddische Fassung zu bürgen; auf eine Kritik der Einzelheiten kann ich jedoch hier am Orte mich natürlich nicht einlassen[3]).

Völundr hat einige Züge mit Hephästos, andre mit Dädalos gemein; er stimmt mit seiner priapischen Natur zu den Gandharven, während die Dreizahl der Brüder und der Umstand, dafs der Bruder Eigil ein trefflicher Schütze ist, mehr an die Ṛibhu's, die drei Söhne des „Schönbogners" (Sudhanvan) erinnern[4]). Dädalos seinerseits stimmt in dem einen Zuge mit den

---

[1]) Vgl. Grimm, Deutsche Mythol. 4. Aufl. p. 313. Kuhn, Ztschr. f. vgl. Spr. IV, p. 96.

[2]) Vgl. die Sage von Velint in der Vilkinasage cap. 20. Grimm a. a. O. p. 312. Kuhn a. a. O. p. 96.

[3]) O. Schrader meint, dafs die der Dädalos-Sage verwandten Züge nicht alt, von Griechenland nach Deutschland herüber gekommen seien (Sprachvergleichung und Urgeschichte p. 230); Bugge, Stud. 1, 23 ist der Ansicht, dafs die an sich alte germanische Sage von dorther beeinflufst sei (vgl. E. H. Meyer, Zschr. f. deutsch. Altert. 1887 p. 30. 31). Ich möchte Bugge's Meinung für die wahrscheinlichste halten und betone die Selbständigkeit und Altertümlichkeit des Fliegens durch die Luft in der Völundarkvidha, wo Völundr, wie die alten Gandharven, auf einem Rofs durch die Luft reitet, während von künstlichen Flügeln nicht die Rede ist.

[4]) Vgl. Kuhn a. a. O. p. 110. 111.

Ṛibhu's, in einem andern mit den Gandharven, in noch einem
andern mit Hephästos und wieder in andern mit Völundr-Wielant überein, wie etwa in einer zahlreichen Familie ein Bruder
dem andern Bruder im Gesichte ähnlich sieht, wieder einem andern in der Bildung der Hände und Füfse, einem dritten in
Gang und Bewegungen, einem vierten im Sprechen und Lachen,
— eine Kombination verschiedener Familieneigentümlichkeiten
an einer Person, wie mir solche aus eigener Beobachtung wohl
bekannt ist. Und in der That, die Dämonen, Helden und Götter,
die hier erwähnt sind, es sind **Brüder** aus ein und demselben,
und zwar aus einem sehr fruchtbaren Hause! Man braucht sich
ebensowenig über ihre Familienähnlichkeiten zu wundern, als
sich abzumühen, den Einen ganz mit dem Andern zu identi-
ficieren.

Tvashṭar.

Noch ein Verwandter aber erscheint in dem indischen
Tvashṭar, dem Götterkünstler, der mit Dädalos manche Züge
gemein hat.

Der Name Tvashṭar ist deutlich abgeleitet von der Wurzel
tvaksh (eigentlich also tvaksh-tar). Diese Wurzel kommt im
Veda vor und bedeutet „kräftig sein"; davon abgeleitet tvakshas
„die Thatkraft"; tvakshîyas „sehr kräftig" u. a. m. Nach An-
gabe des Nirukta (8, 13) bedeutet tvaksh „schaffen, wirken"
(tvaksh = karoti); nach dem Dhâtupâṭha ist es = taksh und
würde also „behauen, bilden" bedeuten. Im Zend begegnet uns
die Wurzel thwakhsh „schaffen, eifrig sein"; davon abgeleitet
thwakhsha eifrig, tüchtig, kräftig; thwakhshista sehr rüstig,
tüchtig, thätig; thwakhshaṅh rüstige Kraft, Leistungsfähig-
keit. Nach Grassmann wäre die Wurzel tvaksh ursprünglich
mit taksh „zimmern, bilden" ganz identisch. Doch wenn wir
auch diese schwierige Frage ganz bei Seite lassen, werden
wir nicht umhin können, nach Vergleichung der dieser Wurzel
entsprossenen Bildungen, im Hinblick auf die Angaben des
Nirukta und Dhâtupâṭha, sowie namentlich auch mit Berück-
sichtigung der verwandten Wörter im Zend, der Wurzel tvaksh

die Bedeutung der kräftigen Thätigkeit, des rüstigen Schaffens oder der thätigen, schaffenden Kraft zu geben. Tvashṭar wäre demnach der rüstig Schaffende, der kraftvoll Wirkende, Thätige, der rüstige Schöpfer und Bildner, eine Bedeutung, die aufs beste zu der Gestalt dieses Gottes stimmt, denn hiermit ist sein eigentlichstes Wesen bereits ausgesprochen.

Tvashṭar hat Erd und Himmel und alle Welten mit den mannigfaltigen Gestalten geschmückt, die sie bevölkern[1]). Er wird gefeiert als der Schöpfer und Bildner der lebenden Wesen, der Tiere, und hierin besteht ein Hauptteil seiner Thätigkeit. Er ist es, der den männlichen Samen fruchtbar macht, der in den Weibern die Leibesfrucht bildet und ihr Gestalt verleiht. Darum ist er auch umgeben von einer ganzen Schar göttlicher oder halbgöttlicher Weiber, der sog. gnâs, janayas oder devânâm patnîs. Er wird aber auch der Erzeuger des Agni, des Feuers, genannt. Indra ringt mit ihm und trinkt in seinem Hause den Soma, den himmlischen Meth. Er ist vor allem der göttliche Künstler, der Bildner wunderbarer Kunstwerke. So vor allem des berühmten Bechers oder der Schale (camasa), welche nachher von den Ṛibhu's, seinen Nebenbuhlern, ihm zum Leide, vierfach gemacht und dadurch in Schatten gestellt wird. Er ist es, der dem Indra seinen Donnerkeil verfertigt hat. Seine Tochter Saraṇyû vermählt er dem Vivasvant; ihre Kinder sind Yama und Yamî, die ersten Menschen, und so ist Tvashṭar mittelbarer Vater und Erzeuger des Menschengeschlechtes[2]).

Es liegt auf der Hand, daſs wir es hier mit einem göttlichen Wesen zu thun haben, welches mit den Ṛibhu's, mit Hephästos und Dädalos, mit den germanischen Elben und Zwergen verwandt ist. Schaffenskraft, Zeugungslust ist der Grundzug seines Wesens. Er steht in nächster Beziehung zur menschlichen und zur tierischen Zeugung, aber er ist auch Feuererzeuger und er ist bildender Künstler wie Hephästos und die Ṛibhu's. Er erinnert in einem Zuge specieller an Mimir, denn

---

[1]) Vgl. RV 10, 110, 9.
[2]) Vgl. RV 10, 17, 1.

in seinem Hause trinkt Indra den Soma[1]), den Wolkenmeth, nachdem er ihn zuvor im Kampf überwunden, die köstliche Habe ihm abgerungen hat[2]); so trinkt Odin in Mimir's Hause den Meth, zu dem er auch nicht ohne Anstrengung, nicht ohne Hindernisse gelangt. Er erinnert an die germanischen Zwerge, die dem Donnergotte den Donnerkeil schmieden, denn er ist es, der dem Indra den berühmten Vajra verfertigt hat[3]). Wir werden ihn nach alledem unbedingt in den Kreis der Ṛibhu-Gandharven einreihen müssen, wenngleich er niemals ein Gandharve genannt wird, sowenig Hephästos ein Silen oder Satyr heifst. Die Verwandtschaft mit den Ṛibhu's liegt auf der Hand, aber auch die Verwandtschaft mit den Gandharven ist offenbar vorhanden. Er ist ja der zeugungslustige Gott, und die Weiberscharen, die ihn umgeben, unter denen er sich verbirgt, als die Ṛibhu's ihn beschämen, bilden gewifs nicht blofs einen Hofstaat. Er ist Hüter des himmlischen Methes, wie der Gandharve, das geht aus der Erzählung von Indra, der in Tvashṭars Hause den Meth trinkt, nachdem er diesen überwunden, unzweifelhaft klar hervor. Er steht in Beziehung zum himmlischen Feuer, dessen Erzeuger er genannt wird[4]), wie die Gandharven in der Urvaçî-Sage des Çatapatha-Brâhmaṇa als Bewahrer des himmlischen Feuers erscheinen.

Seine Tochter ist Saraṇyû, die Wetterwolke (die Erinnys, nach Kuhn's genialer Entdeckung), die in dieselbe Region der Luft gehört wie Gandharven und Apsarasen. Ja Tvashṭar ist durch diese seine Tochter auch indirekt der Stammvater des Menschengeschlechtes, der Erzeuger des ersten Menschenpaares, des Yama und der Yamî, von denen es doch RV 10, 10, 4 deutlich heifst, dafs sie von dem Gandharven und dem Wasserweibe, der Apsaras, in dem Luftmeere stammen. Die Natur der Ṛibhu's und der Gandharven ist in Tvashṭar in Eins verschmolzen, — ein weiterer Hinweis darauf, was wir wiederholt

---

[1]) Vgl. RV 4, 18, 3; 3, 48, 4.
[2]) RV 3, 48, 4.
[3]) RV 1, 32, 2; 1, 52, 7; 1, 61, 6; 1, 85, 9; 5, 31, 4; 6, 17, 10; 10, 48, 3.
[4]) RV 10, 2, 7; 10, 46, 9; 1, 95, 2.

schon behauptet, dafs jene Wesensgruppen eng verwandt sind.
Aber wir finden in Tvashṭar noch einen andern bedeutsamen
Zug, die Beziehung zur Feuererzeugung, und dies leitet uns
wieder zum Hephästos zurück.

Hephästos und Prometheus.

Tvashṭar, der schaffenslustige, der zeugungsfreudige Künstler
ist Feuerzeuger und Menschenzeuger zugleich; es geht beides
bei ihm ursprünglich wohl aus der allgemeinen gandharvischen
Zeugungslust hervor. Feuerzeugung und Menschenzeugung berühren sich nah in den Vorstellungen des alten Mythus, — dies
hat uns Adalbert Kuhn in geistvoller Weise in seiner „Herabkunft des Feuers und Göttertrankes" deutlich gemacht. Darum
berühren sich auch die Mythen von dem Herabholen des Feuers
und der Menschenschöpfung, der Menschen-Bildnerei in der
Person des Prometheus[1]). Es findet sich dies alles zusammen,
das Feuerzeugen und Feuerbringen oder -spenden, das Menschen-
schaffen und die gesamte bildnerische, künstlerische Thätigkeit
in Hephästos, dem Yâbhayishṭha, dem zeugungslustigsten Gandharven.

Hephästos steht in naher Beziehung zu Prometheus, dem
Stammvater des Menschengeschlechtes. Beide wechseln oft in
der Sage und treten einer für den andern ein. So ist es für
gewöhnlich Hephästos, der dem Zeus das Haupt spaltet und die
Geburt der Athene zu Wege bringt; in der attischen Sage aber
ist es Prometheus, der dies verrichtet. Mit Athene erscheint
im attischen Cultus Hephästos auf das engste verbunden, dasselbe aber gilt auch von Prometheus, welcher neben jenen beiden verehrt und gefeiert wurde[2]). Diesen Dreien galt das be-
liebte Spiel des Fackellaufes[3]).

Mit Prometheus berührt sich Hephästos auch auf Lemnos.
Der alte Tempel des Hephästos befand sich gleich unter dem

---

[1]) Auf denselben Zusammenhang deutet es wohl auch hin, wenn nach
Paus. I, 30 am Eingang der Akademie Prometheus und Eros neben einander
verehrt wurden.

[2]) Vgl. Preller a. a. O. I, p. 146. 72.   [3]) Vgl. Preller a. a. O. I, p. 147.

Mosychlos, an demselben Orte, wo nach der Sage einst die feurige Lohe herabfuhr und wo Prometheus nach Aeschylos seinen Raub ausgeführt hatte[1]). Als Feuergeber, als Feuerspender wird auch Hephästos gepriesen[2]). Er ist Inhaber des himmlischen Feuers, Feuerkünstler und Feuerspender in einer Person[3]).

Mit Prometheus, dem Menschenbildner, berührt sich Hephästos ferner darin, dafs er Menschengestalten schuf und ihnen eine Art Leben einzuflöfsen wufste. Ich denke vor allem an die schon berührte Sage von den goldenen Mägden, die er sich geschaffen. Wie viel Leben denselben innewohnte, schildert in interessanter Weise die bezügliche Stelle der Ilias (18, 417—421):

---

[1]) Vgl. Preller a. a. O. I, p. 145.
[2]) Vgl. Preller a. a. O. I, p. 147.
[3]) In dem Mythos von der Geburt der Athene scheint Hephästos auch geradezu — wie Tvashṭar — als Feuerzeuger zu fungieren; denn die waffengerüstete Göttin, die aus dem gespaltenen Haupte des Himmelsvaters entspringt, ist doch wohl die Blitzgöttin, die Blitzwolke oder der Blitz. — Eine andere Frage ist die, ob Hephästos selbst geradezu dem Feuer gleich zu setzen ist. Wenn, wie Preller a. a. O. I, p. 148 bemerkt, Hephästos und das Feuer oft als gleichbedeutend genannt werden, so könnte dies noch vielleicht spätere poetische Übertragung sein, weil er Inhaber und Spender des Feuers ist und dasselbe vertritt. Aber sehr nah scheint es mir zu liegen, die Sage von der Herabschleuderung des Hephästos durch Zeus, deren übrigens Preller in diesem Zusammenhange nicht gedenkt, auf das Herabschleudern des himmlischen Feuers, des Blitzes zu deuten. Wenigstens wüfste ich keine bessere Erklärung dieses eigentümlichen Mythus. Dafs derselbe blofs zur Motivierung der Lahmheit des Hephästos später erfunden sei, erscheint mir nicht wahrscheinlich, wenn beides auch später kombiniert wird. Der Mythus von der Herabschleuderung trägt, wie mir scheint, für diese Annahme einen zu ursprünglichen, elementaren Charakter an sich. Auch seine Wiederholung in mehreren Versionen erscheint von Bedeutung. Namentlich aber mufs man doch sehr in Betracht ziehen, dafs nach Il. 1, 590 —594 Zeus den Hephästos gerade nach Lemnos hinunter schleudert, eine Insel, an die auch sonst gerade die Sagen von der Herabkunft des Feuers in verschiedenen Versionen geknüpft sind (vgl. Preller a. a. O. I, p. 145). Demnach möchte ich wohl glauben, dafs in der Herabschleuderungssage Hephästos geradezu als Feuer, als Blitz zu fassen ist.

ὑπὸ δ' ἀμφίπολοι ῥώοντο ἄνακτι
χρύσειαι, ζωῇσι νεήνισιν ἐιοικυῖαι.
τῇσ' ἐν μὲν νόος ἐστὶ μετὰ φρεσίν, ἐν δὲ καὶ αὐδὴ
καὶ σθένος, ἀθανάτων δὲ θεῶν ἄπο ἔργα ἴσασιν.
αἳ μὲν ὕπαιθα ἄνακτος ἐποίπνυον.

Aus der Zeugungslust des Hephästos geht weiter seine gesamte künstlerische Thätigkeit hervor oder hängt doch aufs nächste mit ihr zusammen. Die Zeugungslust brachte ihn mit Aphrodite zusammen, und als ihr Gemahl — obschon dies Verhältnis stark verdunkelt ist — erscheint Hephästos, wenn auch nur indirekt, in Beziehung zur Zeugungskraft und Zeugungslust nicht nur des Menschengeschlechtes, sondern auch des gesamten Tierreiches, wie dies beim indischen Tvashṭar in direkter Weise der Fall war.

So greift die Zeugungskraft, die Zeugungslust des Hephästos in weite Gebiete hinein und hinüber, und der Yâbhayishṭha ist würdig, Gemahl der liebekundigsten Göttin, der reizenden Apsaras Aphrodite zu sein.

www.ingramcontent.com/pod-product-compliance
Lightning Source LLC
Chambersburg PA
CBHW020744020526
44115CB00030B/1022